후회
내 삶을 위한 치유서 2

후회

초판 1쇄 발행　　**2024년 02월 26일**

지은이 : 이민
책임편집 : 이민
자문 : 한재혁
디자인 : 당아

펴낸 곳 : 주식회사 성은문화
출판신고 : 2018년 3월 22일 제 2018-000035호

주소 : 서울시 중구 퇴계로52길 31
전화 : 02-2271-1830
팩스 : 02-2271-1832
이메일 : sungeun1830@naver.com
ISBN　　979-11-981149-0-7　　(03190)

이민 작가 상담 센터 '치유' : 서울 중구 장충단로7길 7

잘못된 책은 바꿔드립니다.
이 책은 저작권법에 따라 보호받는 저작물이므로 무단 전재와 복제를 금합니다.

들어가는 글

　첫 번째 책 '만남'을 출간하고 많은 평가를 받았습니다. 매일 하나씩 읽으면 좋다는 의견도 있었고, 가볍게 읽기엔 어렵다는 의견도 있었습니다.

　두 번째 책 '후회'는 형식을 바꿨습니다. 조금 더 짧게 쓰고 내용도 더 쉽게 넣었습니다. 더 보편적인 전달을 위해 노력했습니다. 책의 내용이 도움이 됐으면 합니다.

　10개의 목차와 각 목차에 들어가는 30개의 내용을 담았습니다. 총 300개의 시와 수필을 담았습니다. 저번 작품과 마찬가지로 시만 읽으셔도 좋습니다.

　짧게 읽고 깊게 생각할 수 있게 저술했습니다. 문단도 짧게, 문장도 짧게 만들었습니다. 글을 읽는 호흡이 길지 않아도 한 페이지를 다 읽을 수 있게 구성했습니다.

목차

1° 아픔을 인식하는 시와 글 12

안녕, 아직은, 졸업, 위험, 그냥, 서성이다, 지금, 옷, 언제, 친구, 그때는, 아무렇지 않은, 걸음, 해마다, 적당히, 지름길, 방황, 사계절, 최근, 어제, 겨울, 귀가, 차가움, 첫 순간, 연기, 함박눈, 불어나는, 부서진, 덮은, 향기.

2° 아픔을 외면하지 않는 시와 글 44

예지, 검은, 밖으로, 가을, 한 송이, 빨간 불, 문, 흔적, 비결, 기억, 이중성, 목적, 상업, 고귀한, 종착지, 덜어낸, 가난, 씨앗, 표현, 희망, 홍차, 세탁, 진작에, 안다, 기분, 기계, 밥, 동그란, 호기심, 개미.

3° 아픔이 후회로 변하는 시와 글 78

전화, 과분, 마스크, 창틀, 기억한다, 괜찮다, 아이, 잔상, 약, 짧은, 되풀이, 흔들림, 펼치다, 차창, 독백, 허우적, 듣다, 큰 부분, 다행, 최선, 책임, 만족, 배움, 지키다, 순간, 감정, 깊은 밤, 물들다, 채우다, 쓸모없는.

4° 후회를 마주하는 시와 글 110

물결, 속이다, 성장, 버리다, 아프다, 하늘, 중심, 빗방울, 발걸음, 티 내다, 바꾸다, 느끼다, 공허함, 도시, 영원하다, 골목, 카멜레온, 고양이, 숨, 쟁취, 의지하다, 추위, 부자, 기도, 보편적인, 실천, 잠들다, 변명, 경계, 훌륭한.

5° 후회를 배움으로 이해하는 시와 글 144

포기하다, 헤어지다, 수식어, 소시민, 위하다, 바치다, 갤러리, 다양하다, 과학, 문외한, 환상적인, 감상하다, 찬사, 목표하다, 깊어지다, 병원, 주름, 마술, 붕어, 뿌리다, 투박한, 가라앉다, 익어가다, 얕다, 안 보이다, 마취, 견디다, 수술, 봉합하다, 바람

6° 고치고 싶은 마음이 사랑이 되는 시와 글 176

착각, 지우다, 취하다, 단추, 장난감, 해롭다, 무의미한, 바다, 쳇바퀴, 살다, 굽다, 울다, 안목, 윤곽, 비만, 극적인, 평화, 손을 잡다, 위치, 시험, 스쳐 가다, 붙잡다, 날아가다, 스스럼없는, 가능성, 여행, 운명, 가시, 탄산, 부활.

7° 인정하고 이해해주는 마음이 사랑이 되는 시와 글 208

장갑, 오염, 연구, 창고, 재료, 혼자, 구하다, 몽둥이, 애쓰다, 깃발, 눈빛, 야근, 미소, 부탁, 좌절, 대화, 무한하다, 펜, 털어놓다, 여유, 피아노, 늦가을, 칭찬, 두부, 예리하다, 동물, 자라는, 겨울꽃, 이념, 논쟁.

8° 미래를 위해 미련을 사랑하는 시와 글 240

실력, 칠하다, 잔디밭, 메모장, 타오르는, 돌아오는, 근원, 속삭이는, 담 넘어, 사소하게, 떨어지는, 떠오르는, 잊고 있는, 흐릿하게, 자라나는, 숨기는, 환영하는, 흠이 난, 종이, 교육, 쿠폰, 힐링, 움직임, 명상, 풍경, 규칙, 인공적인, 일기, 면접, 자립.

9° 반복되는 후회를 준비하는 시와 글 272

혹독한, 부끄러운, 숙이다, 낯선 느낌, 상속, 양육, 성공, 청소, 조급한, 학생, 어른, 서점, 문학, 절제, 진심, 도로, 경험, 창업, 먼지, 결혼, 요리, 팝업, 공간, 조명, 전망, 해석, 혁신, 중요한, 반복하는, 물감.

10° 지나간 자신을 사랑하는 시와 글 304

찾아오는, 슬리퍼, 시간이 없는, 한가한, 반가운, 양치기, 믿고 있는, 비춰 주는, 글을 쓰는, 집요해지는, 달려가는, 진행 중인, 겨우 하루, 대본, 피부, 주로 먹는, 다녀올게, 엔딩, 여권, 매력적인, 아이 같은, 그림자, 서툰 마음, 촌스러운, 좋은 말, 부르다, 말로만, 새로고침, 그릇, 마침표.

1°
아픔을 인식하는 시와 글

안녕

우리의 마음에
인사를 건넵니다.

잘 지냈니,
보고 싶었어.

답변이 옵니다.
안녕, 기다리고 있었어.

어색한 대상에게 인사를 건네기도 하고, 반가운 대상에게 인사를 건네기도 합니다. 작은 인사가 대화의 시작이 됩니다. 외면하고 싶던 것들과 불편한 것들이 부드러워지는 시작을 합니다.

사랑은 항상 따뜻함과 친절로 시작해서 끝에는 차갑게 식습니다. 연료가 다한 엔진처럼 열기와 동력을 잃고 멈추게 됩니다. 그렇게 시간이 지나면 엔진은 녹슬고 기억 속에서 없어집니다.

마음의 연료가 정해져 있어서 허비되는 일에는 마음을 아끼게 됩니다. 닿을 수 없는 사랑과 아낄 수 없는 자신을 외면하기도 합니다. 그렇게 굴러가던 것이 멈추고 나면 다시 시작할 때는 녹슨 것을 닦아야 합니다.

우리의 사랑에 인사를 건넵니다. 안녕, 녹이 슬지 않았으면 좋겠어. 다시 시작할 날을 위해 가끔 보러오며 기회가 되면 다시 하기 위해 여지를 남깁니다.

아직은

당신에게 다가가며
아직이라 답합니다.

이 감정을 위해서
조금 더 조심합니다.

우리의 시간이 같아지길 기다리며
아직이라 답합니다.

 시야가 길어지면 좋은 것이 나빠질 것을 걱정하게 됩니다. 좋아하는 마음도 어느 순간엔 나빠질 것이고, 그 나빠진 순간으로 관계가 단절되는 것을 걱정합니다. 약간의 걱정으로 더 조심합니다.

 조심함이 과하지 않게 또 조심합니다. 거리를 두는 모습으로 보이지 않게, 밀어내는 모습으로 보이지 않게 조심합니다. 이 신중함으로 우리의 시간이 좋은 의미를 얻을 수 있게 합니다.

 욕심이 집착을 만들기에 집착이 없는 욕심을 추구합니다. 좋아하는 마음은 있지만 강요하지 않고, 잘되길 바라는 마음이 있지만 가르치지 않습니다. 함께함으로 서로를 닮기를 바랍니다.

 불처럼 타오르는 감정을 감추고 조금 더 천천히 하자고 합니다. 우리의 감정이 다 타지 않게, 잔잔하게 오래갈 수 있게 속도를 조절합니다. 아직은, 조금 더 기다려달라고 합니다.

졸업

기간이 다하고 나면
그것을 졸업합니다.

돌아갈 수 없는 과거와
더 해야 할 것이 분리됩니다.

더 이상 고칠 수 없지만
그 자체로 마무리합니다.

우리가 보낸 시간을 정의하기 위해 우린 졸업합니다. 학교에선 과정이 기록되고 기록의 과정이 끝나면 졸업합니다. 들어가는 것과 졸업하는 것이 계속 반복되는 우리 삶입니다.

지난 과거를 수정하고 싶지만 우린 과거를 졸업했습니다. 아쉬움이 남지만, 다시 어딘가로 들어갈 준비를 합니다. 이번엔 잘해야지, 고칠 것이 없는 과거를 만들어야지, 하며 새로운 준비를 합니다.

우리의 삶을 특정한 단어로 정의할 수 없듯이, 우리가 수료하는 대상도 우릴 정의할 수 없습니다. 세상은 언제나 우등생을 원하지만, 우등생이 우릴 정의할 수는 없습니다.

지난 일들이 아쉽고 고치고 싶을 수 있습니다. 그래도 인정하는 것은 기록을 뛰어넘는 경험을 했기 때문입니다. 우리는 나름의 노력을 했고 그 시간을 기록했습니다. 그 기록으로 자신을 칭찬해도 충분합니다.

위험

생각으로 우릴 가두니
세상이 멈춥니다.

낮과 밤이 바뀌고
시간이 흘러도 멈춰있습니다.

지난 건 보내야 합니다.
다시 새로움을 맞이해야 합니다.

정말로 위험한 것은 미래를 모르는 것이 아닙니다. 이미 알고 있는 과거를 후회하며 그 후회 속에 자신을 가두는 일입니다. 바꿀 수 없는 걸 알아도 그 아쉬움이 우리를 잡아 두니 이보다 위험한 일은 없습니다.

후회는 젖은 옷과 같아서 후회할수록 더 무겁게 젖습니다. 털어내고 일어나야 하지만, 당장은 어렵다면 조금 머물러도 됩니다. 축축함을 느리게 인식하며 작은 시도를 하며 후회를 말려야 합니다.

어쩌면 지난 사랑이, 누군가 고의로 준 상처가 우릴 위험에 빠뜨릴 수 있습니다. 상황이 어려워지고 나아갈 수 없을 것처럼 느껴질 수 있습니다. 그 상황은 분명 과정이 될 것이고, 나아질 것입니다.

생각은 언제나 자유롭지만, 후회는 우리 생각을 스스로 가두게 합니다. 그 울타리는 안락하다고 착각할 만큼 헷갈립니다. 그걸 잘 인식하고, 지혜롭게 나와야 합니다.

그냥

좋은 것에는 이유가 없습니다.
싫은 것도 그렇습니다.

당신이 좋을 땐 이유가 없고,
싫을 때도 그렇습니다.

그래서 고민하지 않습니다.
당신이 곁에 있다는 것만 생각합니다.

정말로 중요한 것이 생기고 나면 다른 것들에는 무뎌집니다. 그 무뎌짐은 주관적이어서 실수가 되기도 하고 성장의 동력이 되기도 합니다. 객관적으로 구분하는 일이 어렵습니다.

누군가를 깊게 좋아하고 나면 그 사람이 하는 행동도 다 좋아집니다. 좋은 행동과 나쁜 행동을 다 좋아하게 됩니다. 그 사람이 우리를 사랑하는 방식이 나쁘더라도 우린 그걸 좋아하게 됩니다.

마음이 어딘가에 취하고 나면 이유 없이 마음이 끌리는 것을 알아야 합니다. 이 취함이 즐거움으로 남고 후회가 되지 않아야 합니다. 적당히 즐기고 적당히 머물러야 마음이 계속 즐겁습니다.

우리는 종종 취하는 것으로 행복을 얻으려 합니다. 이성의 멋진 외모와 친절, 어쩌면 부유한 이의 배려일 수도 있습니다. 그것이 그냥 우리 삶에 계속되면 좋을 것 같습니다. 하지만 취하고 나면 어느 순간엔 깨어나야 합니다. 그 깨어남을 항상 인식해야 합니다.

서성이다

마음이 답답해서
잠깐 걸었습니다.

걷다가 만나려나 했는데
결국 집으로 왔습니다.

우리의 서성임은
결국 제자리입니다.

  망설임은 작은 시도를 일으킵니다. 그 시도는 잔잔하며 안전합니다. 그리고 작은 위안을 줍니다. 답답함도 조금 나아지고 생각도 정돈됩니다. 서성이는 건 어떤 결단이 아니라 휴식이 됩니다.

  이런저런 시도를 하고 다시 제자리로 오면 허전할 수 있습니다. 그 시도들이 연습이 되어 우리를 숙련되게 할 것이지만 들인 시간에 비해 결과가 미미하니 답답할 수 있습니다.

  중요한 것은 충동으로 실수하지 않는 것입니다. 후회되는 과거를 만드는 것보다는 더 고민하고 노력하는 것이 안전합니다. 시기를 놓치는 것을 경계해야 하지만 틀리지 않는 것도 중요합니다.

  마음이 답답해서 움직이는 걸 압니다. 멈추면 고이게 될까 봐 계속 시도하는 것을 압니다. 작은 노력이 계속 쌓여서 한 걸음씩 나아갔으면 합니다. 제자리로 느껴져도 변화가 일어날 것입니다.

지금

멀어지는 과거를 잡으며
손을 꽉 움켜쥡니다.

손에 신경이 집중되니
현재가 멀리 흘러갑니다.

모를 땐 그냥 두었는데
마음이 생기니 잡고 싶습니다.

의미를 부여하면 마음이 생깁니다. 돌아본 과거에 지난 연인이 있다면 그 시간에는 의미가 생깁니다. 의미는 우리가 만들었지만, 이것은 다시 거두기 어렵습니다. 그렇게 집착이 됩니다.

우리 마음에서 시작한 것이 우리의 마음을 흔듭니다. 이 흔들림을 움켜쥐니 삶이 흔들리기 시작합니다. 해야 할 일들과 새롭게 의미를 얻을 일들이 우릴 지나치기 시작합니다.

시간의 속도를 조절하는 것이 불가능했는데, 집착이 생기면 그 마음을 쓰는 시간은 느리게 흐릅니다. 고통스럽기도 하고 고집스럽기도 한 시간입니다. 반대로 세상은 빠르게 흐릅니다.

너무 평범한 삶은 분명 지루할 것이지만, 지나치게 자극적인 상황은 깨어나기 어렵습니다. 마음을 다시 차분하게 돌려야 합니다. 평온할 때만 바른 선택을 할 수 있습니다.

옷

새 옷을 사서 입습니다.
시간이 지나 헌 옷이 됩니다.

정든 옷을 다시 입습니다.
익숙함을 입습니다.

안정적인 느낌이 편안합니다.
편안함이 차분함을 줍니다.

 옷을 입는 행동이 마음에 적용됩니다. 마음은 감정과 기억을 입습니다. 마음이 제일 좋아하는 옷은 '차분함'입니다. 에너지를 효율적으로 쓸 수 있는 옷입니다.

 새로움이 우리 마음을 끕니다. 모든 새로움은 시간이 지나 익숙함이 됩니다. 익숙한 것은 안전한 것, 그리고 변화가 없는 것입니다. 변하지 않는 안정 속에서 차분함을 얻습니다.

 새로움에 대한 도전은 호기심과 즐거움을 일으킵니다. 하지만 해야 할 일과 써야 할 에너지가 분명해지면 일 외의 시간에는 쉬어야 합니다. 어려운 일이지만, 쉬면서 일할 에너지를 얻어야 합니다.

 옷이 우리에게 배움을 줍니다. 새로운 것은 모두 익숙해집니다. 낡은 것은 버려야 하지만, 정든 것은 함께하게 됩니다. 우리 삶에도 정들고 편한 것들이 많아졌으면 합니다.

언제

당신은 언제쯤,
나를 좋아할까요.

나는 언제쯤,
당신을 미워할까요.

주고받음의 저울은
균형이 어렵습니다.

 사랑을 계산하는 일은 언제나 어렵습니다. 기다림과 인내가 길어질수록 완성되었을 때 감사해야 하는데, 계산하게 됩니다. 열 개를 주었는데 두 개만 받은 기분이 우릴 화나게 합니다.

 저울이 기울면 처음의 마음을 잃습니다. 마음이 무한하지 않아서 지치기도 합니다. 지쳤는데 또 뛰라고 하면 화가 나기 시작합니다. 감정적인 마음을 이성적인 머리가 이기기 시작합니다.

 마음은 주관적이라 값을 매기기 어렵습니다. 마음엔 만족과 불만족이 있고, 그 수치는 굉장히 주관적입니다. 그래서 사랑할 때는 적게 불만족하고 크게 만족할 대상을 찾아야 합니다.

 사람마다 잘하는 것이 다르듯 사랑도 그렇습니다. 돈이 많은 사람, 감정이 많은 사람, 외모가 좋은 사람이 있을 겁니다. 계산하지 않을 사람과 상황을 잘 골랐으면 합니다.

친구

시간이 가면 익숙해져서
불편함이 없습니다.

여러 감정이 섞이고 나니
의심도 없습니다.

익숙함으로 편안하니
친구입니다.

친구를 어떻게 정의할지 고민합니다. 내가 편해야 하고, 상대도 나를 편하게 여겨야 합니다. 서로 방해되지 않아야 하고 기대가 너무 커도 안 됩니다.

친구는 오래 볼 수 있는 사람입니다. 우리의 삶이 이리저리 흔들려도 친구는 편하게 만날 수 있습니다. 가끔 우정을 담보로 감정을 소비해달라고 하지만, 그 기간도 편하게 지낼 수 있습니다.

친구가 다른 이를 사랑해도 우린 마음이 편합니다. 우리가 다른 이를 좋아해도 친구는 그걸 불편하게 생각하지 않습니다. 쉬운 듯 어려운 듯한 관계입니다.

부딪힘이 없는 건 어려운 일입니다. 그래서 오래 보는 친구를 만나기 어렵습니다. 우리에겐 친구가 없어도, 우린 상대에게 친구가 되고 싶습니다.

그때는

마음이 분주할 때는
모든 일이 연대기입니다.

마음이 가라앉으면
모든 일이 지혜가 됩니다.

그때는 그 나름대로
지금은 지금으로 좋습니다.

지난 일을 돌아보는 건 즐겁기도 하고 불편하기도 합니다. 무안을 당했거나 남을 아프게 한 일들이 돌아보면 복잡한 감정이 됩니다. 우리의 삶이 평탄했다면 모를 감정입니다.

바르게 아는 건 양면을 보는 일입니다. 좋음과 싫음을 다 아는 일입니다. 달콤한 것과 쓴 것을 다 알려면 맛을 봐야 합니다. 그래서 돌아볼 때 좋음과 싫음이 모두 생기면 어른이 됩니다.

바빴던 삶도 배움이 되고 여유로운 시간도 반성이 됩니다. 그때는 실전이었지만 돌아보면 지난 일입니다. 그 경험이 우리에게 다양한 감정을 알게 하고 그 감정만큼 남을 이해하게 합니다.

불편하고 싫은 일들도 견디고 나면 경험입니다. 억지로 부딪힐 필요는 없지만, 너무 좌절하지 않아도 됩니다. 포기하지 않고 좋은 방향을 찾으면 그 일은 가끔 돌아보는 일이 됩니다.

아무렇지 않은

지나가는 비인가 보다
지나면 마르겠지.

잠시 젖었나 보다
이제 좋아지겠지.

아무렇지 않은데
마음이 온통 무겁습니다.

쉬운 삶은 없지만 어떨 땐 삶이 너무 어렵습니다. 잠깐 젖고 말겠지, 하다가도 한참 오는 비를 맞게 됩니다. 해가 뜨면 마르겠지, 했는데 날이 너무 습할 때도 있습니다.

아무렇지 않게 견디려고 해도 어렵습니다. 무딘 모습과 덤덤한 모습을 무너지게 하는 어려움이 있습니다. 만약 누군가 도와줄 사람이 있으면 좋을 것 같고, 혼자서는 너무 어려울 때가 있습니다.

우선은 마음을 침착하게 유지해야 합니다. 상황이 더 나빠지지 않게 주의해야 하고, 하나씩 해결하거나 창의적인 해결을 계속 고민해야 합니다. 어렵고 힘들어도 포기하지 않아야 합니다.

세상이 쉬우면 재미가 없겠지만, 쉬운 삶이 간절할 때가 있습니다. 아직 오지 않은 미래를 위해 오늘 조금 더 고생해야 합니다. 어렵고 힘든 일들이 아무렇지 않아질 날을 기대합니다.

걸음

느리게 걸으면서
생각도 느리게 합니다.

호흡도 느려지고
마음도 가라앉습니다.

가볍고 느리게
부담 없이 걷습니다.

좋은 휴식은 부담이 없습니다. 쉴 때 부담이 없고 쉬는 동안, 쉬고 나서 편합니다. 제일 쉬운 방법은 느려지는 겁니다. 생각, 호흡, 동작을 느리게 하며 쉽니다.

사람 사이에서 사는 건 언제나 에너지가 필요합니다. 가만히 있는 것보다 많은 에너지가 쓰여서, 다시 회복하려면 에너지를 아껴야 합니다. 가만히 있으면 고일 거 같아서 천천히 움직입니다.

느리게 걸으면 밖에 집중된 감각들이 몸으로 돌아옵니다. 눈이 좀 맑아지는 것 같고, 심장 소리가 더 잘 들리는 것 같기도 합니다. 그렇게 자신에게 집중하며, 안전하게 쉽니다.

빠른 해소는 자극적인 경험이지만 안전한 방법은 느려지는 겁니다. 쉴 때는 책을 느리게 읽어도 좋고, 누워서 천천히 숨을 쉬어도 좋습니다. 게으름을 통해 얻는 회복입니다.

해마다

세상이 한번 도니
다시 같은 날입니다.

저번과는 다른데
같은 것 같습니다.

변하는 건 시간이고
만나는 건 자신입니다.

우리는 한 해 동안 더 나아졌다고 믿으며 비슷한 상황에서 달라질 것을 기대합니다. 긍정적이고 열정적인 마음이 가끔 무너지는데, 이유 없이 실망하는 건 우리의 기대 때문입니다.

단순히 나이를 먹어서 달라지는 건 없습니다. 불편함을 마주하고 그걸 해결하려고 노력하며 시간을 보내야 달라집니다. 너무 과하면 안 되지만, 너무 피해도 안 됩니다.

안전한 건 작은 도전들입니다. 큰 변화를 마주하기 전엔 작은 변화가 반복되어야 합니다. 한 방에 끝내는 것이 아니라, 자잘하게 여러 번 경험해야 합니다.

한 해가 다시 지나고 새해를 맞이하면, 원하는 것들과 바라는 것들이 조금은 달라졌으면 합니다. 대하는 마음이 달라져도 좋고 실제로 유능해져도 좋습니다. 아무래도 쉬운 건 마음이 변하는 겁니다.

적당히

화가 나면
이 말이 나옵니다.

답답해도
이 말이 나옵니다.

적당히는 어렵습니다.
그래도 적당해야 합니다.

중간과 균형은 어렵습니다. 치우치지 않으면 되는데 해보면 어렵습니다. 가운데 있으면 되고, 좌우가 맞으면 되는데 어려우니 실수가 생깁니다. 적당한 건 잘하는 겁니다.

답답함과 분주함의 사이, 좋아함과 싫어함의 사이를 위해서 지혜가 필요합니다. 경험이 많을 수도 있고 아이디어가 좋을 수도 있습니다. 어쩌면 우린 잘하고 나면 적당해지려 노력합니다.

높은 점수와 좋은 성과가 우릴 지치게 합니다. 적당한 걸 멀리하게 되고 극단적인 걸 자꾸 찾게 됩니다. 균형을 잃으니 예민해지고, 해소가 필요하니 자극적인 걸 찾습니다.

살아야 해서 경쟁에 뛰어드는데 언제나 어렵습니다. 지치고 싶어서 지치는 것이 아니고, 화를 좋아해서 힐링하는 것이 아닙니다. 어려운 일이지만, 그래도 균형을 잡아야 합니다.

지름길

삶에 지름길이 없다니
그러기엔 빨리 왔습니다.

오르막일 때도 있고
내리막일 때도 있습니다.

중요한 건
계속 가는 겁니다.

빠른 길은 돌아가지 않는 길입니다. 장애물이 있거나 길이 복잡해도 계속 가면 결국 그 길이 지름길입니다. 넘을 수 없다면 돌아가야 하지만, 번거롭다면 조금 부지런해져도 좋습니다.

빠른 길은 많지만 빠르고 쉬운 길은 찾기 어렵습니다. 누군가 지도와 나침반을 준다면 그 행운을 가지고 가면 됩니다. 만약 없다면 결국엔 노력입니다. 빠른 길은 성실하게 가는 길입니다.

어떨 때는 빠른 길에 오르막과 내리막이 같이 있습니다. 평균을 내면 평지를 가는 건데 피하고 외면하면 모든 길은 어려워집니다. 그래서 계속 가는 것이 중요합니다.

말은 쉽지만 실제 상황에선 앞이 잘 안 보이고 판단이 어렵습니다. 그래서 삶이 실전입니다. 약간의 이론과 아주 많은 시행착오가 필요합니다. 그 어려움을 딛고 나면 쉬워질 날이 올 겁니다.

방황

하고 싶은 대로 했더니
돌아갈 길이 안 보입니다.

삶의 지도가 어딨는 건지
방향을 잡을 수 없습니다.

가던 길을 멈춰야 합니다.
알고 나면 바르게 가야 합니다.

어릴 때 하던 방황을 어른이 되고 멈추지 않으면 삶이 어려워집니다. 환경이 좋은 사람들은 쉽게 놀고 쉽게 자리를 잡는데, 세상이 우리에게 가혹합니다.

쉽게 사는 사람들처럼 지도라도 하나 있었으면 합니다. 길을 다 알아서 좋은 것, 궁금한 것만 골라서 가고 싶습니다. 지도도 없고, 나침반도 없으니 우리가 어디 있는지도 모르겠습니다.

가장 쉬운 방법은 융통성입니다. 다 지키고 살면 답답하니 가볍게 일탈하고 남들이 알기 전에 얼른 돌아옵니다. 그 아슬함에서 벗어나지 말고, 실수해도 얼른 돌아와야 합니다.

가장 좋은 방법은 스승을 찾는 일입니다. 돈과 배움을 교환해도 좋습니다. 중요한 판단은 스스로 하지만, 안내선 정도는 배우면 좋습니다. 많은 행운이 우릴 이끌어줬으면 합니다.

사계절

봄이 가을까지 오니
날이 춥습니다.

푸르던 것들이
건조하게 가라앉습니다.

계절의 흐름을 보며
시간을 느낍니다.

시간이 매번 일정하다면 우린 엄청 빠르게 나이를 먹을 겁니다. 익숙함과 관성이 우릴 무디게 하고, 그 무뎌짐이 흐름을 잊게 합니다. 시험을 준비하는 학생 같기도 합니다.

기계는 매번 일정해야 하지만, 우리는 삶이 생생하길 원합니다. 어려운 시간과 좋은 시간이 모두 그러길 원합니다. 이 마음을 위해 사랑하기도 하고 슬퍼하기도 하며 자신의 계절을 만듭니다.

사계절이 반복되니 삶이 쉬울 것 같습니다. 같은 계절 안에서 다른 삶을 경험합니다. 새싹은 낙엽이 되고, 낙엽은 다시 새싹이 됩니다. 이 반복됨에서 일어나는 새로움이 우릴 생생하게 합니다.

기계가 되고 싶을 때가 있습니다. 그냥 생각 없이 삶의 감각들을 놓아버리고 싶습니다. 그 마음이 너무 오래가면 돌아볼 때 슬퍼집니다. 지난 일을 미래에 돌아보기 위해, 오늘은 생생해야 합니다.

최근

당신은 어제 예뻤습니다.
그리고 오늘은 화를 냅니다.

아마 내일은 예쁘겠지
그렇게 기대합니다.

좋은 것만 기억합니다.
그래서 당신은 예쁩니다.

가까운 시간을 돌아보면 인상적인 기억들이 먼저 떠오릅니다. 그 기억에 대한 평가는 주관적입니다. 특정 감정을 편애할 필요는 없습니다. 떠오르는 것은 그대로 두면 됩니다.

가장 어려운 감정은 언제나 사랑입니다. 긍정과 부정의 강렬함이 순식간에 바뀝니다. 이유 없이 좋다가 갑자기 불안하기도 합니다. 좋아하려고 노력한다면 좋게 봐주고 싶습니다.

떠오르는 기억에 감정을 붙입니다. 의심과 오해가 있을 때는 좋은 감정을 붙이려고 노력하고, 미워하고 멀리하고 싶을 때는 나쁜 감정을 붙이려 노력합니다.

최근 우리 기억은 어땠나 생각합니다. 억지 부리지 않아도 다 좋았으면 합니다. 지혜롭고, 침착해서 다 좋았으면 합니다. 그리고 좋은 기대를 하고 싶습니다. 내일도 좋겠지, 아름답겠지, 하는 기대로 잠들고 싶습니다.

어제

하루가 지났는데
지난 과거입니다.

오늘이 시작됐는데
어제가 생각납니다.

지나는 것이 어려워서
어제를 되새깁니다.

생각은 언제나 정돈되어 있는데 실전은 언제나 어렵습니다. 그때는 제일 좋은 판단을 한 것 같아도 돌아보면 아쉬움이 많습니다. 그래서 오늘은 어제를 되새깁니다.

되새기는 마음이 우리에게 새로움을 줍니다. 돌아보면서 다시 평가하고 반성도 합니다. 돌아보는 시간이 아까울 수 있지만 이 시간이 우리를 더 성장시킵니다.

후회가 없는 삶은 완벽할 것이지만 그만큼 지루할 겁니다. 가끔은 괴로워하고, 아쉬운 마음으로 연구하고, 다시 적용해보는 일을 반복하며 우린 성장할 겁니다.

지나간 일을 바꿀 수 없다는 사실이 우릴 아프게 합니다. 이 상처가 주는 고통으로 우린 더 지혜로워질 겁니다. 아픔이 경험이 될 수 있게 섬세하게 돌아봐야 합니다.

겨울

비가 오고 나니
날이 차갑습니다.

작은 온기에
큰 따듯함을 얻습니다.

차가운 삶이어도
큰 감동을 얻고 싶습니다.

추운 날에 내리는 눈은 평소보다 더 하얗습니다. 이 차가움으로 느끼는 아름다움이 마음에 혼란을 줍니다. 춥고 힘든데 위로가 되는 착각을 느낍니다.

많이 힘들 땐 작은 것에도 감동을 받습니다. 평소라면 신경 안 쓸 작은 상황에도 감동과 고마움을 느낍니다. 어려울 때만 아쉬워지는 마음이 창피하기도 합니다.

우리 마음에 올 겨울을 대비해서 주변에 온기를 주려고 노력합니다. 이 온기를 받은 이가 겨울일 수도 있어서, 그의 겨울이 끝났을 때 내 겨울을 돕길 바라는 마음으로 온기를 전합니다.

겨울은 모두에게 오는 상황입니다. 다 같이 겪을 수도 있고 차례로 겪을 수도 있습니다. 혼자서 다 이겨내기가 어려우니 서로 돕고 살았으면 합니다.

귀가

걸음이 무거우니
오늘도 고생했습니다.

집 생각에 걸음이 빨라지니
매일 보는 집이 그립습니다.

집이 정말 아늑해서
귀가가 즐거웠으면 합니다.

우리에게 집은 아늑해야 합니다. 그래야 열심히 일하고 기분 좋게 돌아올 수 있습니다. 힘든 어깨를 가벼운 발걸음으로 만들어주는 그런 집이었으면 합니다.

일은 노동이어서 쉬울 수 없습니다. 일은 우릴 부지런하게 하고 삶을 집중되게 합니다. 매일 하는 일이 친근하지 않은 만큼 집은 언제나 그립고 친숙합니다.

삶에서 일을 없앨 수 없다면, 일과 반대되는 좋은 것이 있어야 합니다. 우리는 열심히 한 것에 대해 보상받고 싶어 하고 그 보상은 정신적인 것이 함께 되어야 일을 오래 합니다.

우리 삶이 아늑해서 일을 오래 하고 싶습니다. 힘들고 어려워도 집에 가면 즐거웠으면 합니다. 어쩌면 우리 마음의 집이 다를 수 있지만, 다들 기댈 곳이 하나씩 있었으면 합니다.

차가움

마음이 비어서
누릴 게 없습니다.

마음에 닿을 게 없어서
세상이 차갑습니다.

마음이 차가워서
세상이 비어있습니다.

 문득 세상이 차갑게 느껴집니다. 온도나 날씨와는 상관없이 느껴지는 소나기 같은 감정입니다. 이 빗속에선 손에 잡히는 게 없습니다. 차가운 고독을 이유 없이 만납니다.

 우리 감각이 우리에게 살아있는 신호를 줍니다. 고독할 때는 느껴지는 게 없습니다. 닿아도 닿은 것 같지 않은 허무함이 우릴 차갑게 합니다. 멈춘 듯한 차가움만 있습니다.

 우리 마음이 얼고 나면 세상이 멈추게 됩니다. 무감각하고 불편합니다. 그 마음으로 경험하는 세상은 아무것도 없습니다. 느낄 것이 없는 차가운 고독의 세상입니다.

 얼음을 만진 손이 차가움에 익숙해집니다. 이 감각이 너무 오래가면 다칩니다. 무감각 속에서 감각을 일으켜야 합니다. 손을 잠깐 드는 정도의 노력이면 됩니다. 다시 온기를 얻을 겁니다.

첫 순간

깨고 나온 그 순간
새로움을 경험합니다.

그 마음으로 우리가
처음을 찾습니다.

우리가 태어난 사실이
우리의 첫 번째 즐거움입니다.

처음은 항상 특별합니다. 가장 서툴면서 가장 강렬합니다. 익숙해지기 전까지 유지되는 그 감각들이 우릴 즐겁게 합니다. 적응하기 전의 즐거움이 다른 단조로움을 위로합니다.

지루하고 답답한 마음에 새로움을 찾습니다. 아직 모르는 걸 찾으며 처음을 경험합니다. 그 짜릿함이 우릴 위로합니다. 그래도 너무 빠져들면 안 됩니다. 새로움은 도전의 결과로 나와야 합니다.

가끔은 새로울 게 없다고 느껴질 수 있습니다. 그럴 땐 처음의 마음으로 돌아가야 합니다. 우리가 처음을 느낀 첫 순간으로 돌아가야 합니다. 그 앎이 우리 삶을 생생하게 합니다.

어쩌면 우린 존재하는 즐거움을 잊었을 수도 있습니다. 살고 싶은 마음도 욕심이고 인정해야 합니다. 그 마음을 기억하고 하나씩 더해야 합니다. 우리의 즐거움을 위한 단단한 기반입니다.

연기

뜨겁게 타고 나면
숨기는 법을 배웁니다.

호흡이 불편하지만
사람들이 모릅니다.

이 뜨거움을 알면
숨는 법을 배웁니다.

 강렬하게 경험하고 나면 지칩니다. 그 피곤함을 숨기려고 숨게 됩니다. 안 보이게 숨고 조용한 곳을 찾아서 숨습니다. 자유를 제한당한 것 같지만 숨어서 쉽니다.

 숨어서 쉬는 호흡은 불편합니다. 그래도 숨는 방법이 익숙해지면 금방 편해집니다. 아무도 없는 곳에서 다시 뜨거워지려고 준비하며 잘 쉽니다. 우리의 뜨거움을 모를 겁니다.

 만남은 부딪힘입니다. 무언가를 알고 경험하는 일이 우리를 자극합니다. 그 자극이 없는 상태로 들어가야 합니다. 그렇게 쉬어야 더 강한 뜨거움을 만날 수 있습니다.

 메케한 연기가 눈을 찌푸리게 합니다. 연기에서 배울 점은 사람을 멀어지게 하고 시야를 가리는 겁니다. 주변을 불편하게 하면 안 되지만, 연기는 항상 불탄 후에 옵니다.

함박눈

가득하게 내렸는데
만지면 사라집니다.

그 많은 이별이
흔적으로 남습니다.

가득한 것이 반복되고
마음엔 눈밭이 핍니다.

 차갑고 큰 눈이 내립니다. 그 큰 눈송이가 우리 손에 닿으면 사라집니다. 짧은 차가움이 우릴 아쉽게 합니다. 아쉬움이 싫어서 만지지 않고 지켜봅니다.

 우리 손에 닿지 않은 눈송이가 바닥에 닿고 녹습니다. 만지지 못한 이별이 계속 반복되며 땅의 온도를 함박눈으로 만듭니다. 그렇게 반복된 접촉이 땅을 눈으로 만듭니다.

 많은 만남과 이별이 그 대상과 가까워집니다. 우리가 경험하고 싶은 어떤 특별한 감정도 이렇습니다. 다가가고 실패하는 경험을 계속 반복해야 합니다. 우리의 온도가 그것과 같아져야 합니다.

 하나의 눈송이가 우릴 아프게 합니다. 하지만 눈송이 그 자체는 우릴 떠나지 않았습니다. 우리 행복이 이렇습니다. 하나의 행복은 아플 수 있습니다. 하지만 행복은 항상 우리 곁에 있습니다.

불어나는

물에 젖은 마음이
미역처럼 불어납니다.

커진 바다향이
마음을 떠다니게 합니다.

마음이 계속 불어나서
바다가 되고 싶습니다.

마음이 젖을 때가 있습니다. 어떨 때는 눈물이고 다를 때는 분노입니다. 슬픔과 기쁨, 그리고 여러 감정이 비빔밥이 되면 우리 마음을 불어나기 시작합니다. 물을 만난 건조 미역처럼 커집니다.

커진 마음이 알 수 없는 바다를 떠다니기 시작합니다. 자신을 고민하기 시작합니다. 이 넓은 세상에서 내가 무엇인지 고민합니다. 그 고민과 함께하며 세상을 떠다닙니다.

계속 불어나고 커지다 보면 고민이 싫어집니다. 싫고 부정하고 싶은 마음도 한곳에 뭉쳐서 더 커지면, 미역 줄기가 파도 같고 떠다니는 자신이 바다 같기도 합니다.

부딪힘이 없는 삶을 살고 싶습니다. 그 마음이 지루하고 답답해도 삶과 세상이 하나가 된 것처럼 잘 어울렸으면 좋겠습니다. 어쩌면 우리 마음엔 이미 세상이 있었습니다.

부서진

조각난 것들을 모아서
하나씩 기웁니다.

기워서 만든 것은
다시 부서질 겁니다.

그러면 다시 기웁니다.
그렇게 다시 하나가 됩니다.

완벽한 인생을 상상합니다. 나만 완벽할 수가 없으니 완벽의 기준을 바꿉니다. 우리의 완벽은 무엇이든 해결이 가능한 삶입니다. 넘어지면 일어나고 다치면 회복하는 그런 인생입니다.

다치는 것이 필연이라 우리 삶은 아픕니다. 어쩌면 너무 아파서 부서질 수 있습니다. 그러면 바느질하며 하나씩 기웁니다. 꿰매서 만든 작품이 약한 것을 알아도 괜찮습니다. 다시 기울 겁니다.

회복하는 법을 알면 부서지는 걸 인내하게 됩니다. 겁을 주는 함정들로 우리가 실수하는 일이 줄어듭니다. 좀 더 담대해지고 지혜로워집니다. 사라지지 않는다면 부서지는 건 두렵지 않습니다.

지혜가 우릴 보호할 겁니다. 특별한 기적이 없어도 삶을 잘 알면 우린 언제나 건강할 겁니다. 그 믿음으로 행복해집니다. 우린 부서져도 하나가 될 것입니다.

덮은

잠깐 안 보려고
덮어둡니다.

사라지지 않아도
잠시 덮어둡니다.

잠시 쉬고서
열어볼 겁니다.

싫은 건 치워야 하는데 치우는 행동이 어려울 때가 있습니다. 억지로 해야 하는 부담감이 강해지면 지칩니다. 그럴 땐 잠깐 안 보려고 덮어둡니다.

덮어도 사라지지 않는 걸 압니다. 그래도 눈에서 안 보이면 마음이 회복할 시간을 얻습니다. 억지로 뭘 하지 않고 잠깐 기다리면서 쉽니다. 그리고 다시 열어봅니다.

덮어둔 걸 열면 그건 여전할 수 있습니다. 어쩌면 더 어려워졌을 수도 있습니다. 그래도 기운을 낸 우리가 그 일을 잘 해결할 겁니다. 해결하려고 잠시 덮어둔 겁니다.

우리는 항상 무언가를 빨리 처리하려는 압박감이 있습니다. 그 마음이 조급함이 되지 않으려면 잠시 덮어두는 법을 알아야 합니다. 급하지 않은데 불편한 일은 천천히 해도 됩니다.

향기

기억이 감각을 부릅니다.
보통의 추억을 떠올립니다.

마음에 피어난 향들이
보통의 기억을 향수합니다.

우리 마음이 아름다워서
모든 향이 기쁠 겁니다.

 지나가는 향기가 과거를 불러옵니다. 어떨 땐 향수의 향으로, 다를 땐 계절의 향기로 지난 일들을 회상합니다. 일어난 감정들이 모두 행복했으면 좋겠습니다.

 길가의 꽃을 보며 향을 궁금하듯이 우리 마음에 남은 향들이 기뻤으면 합니다. 보통의 경험들이 우리 마음에 특별하게 남아서 과거의 정원이 향기로 가득했으면 합니다.

 우리의 지금은 어려움과 고민으로 가득하지만, 우리의 과거는 나름의 모습으로 남았습니다. 우린 미래에도 괴로울 것입니다. 그래도 계속 노력하고 나아가야 합니다. 그 노력이 과거로 남습니다.

 지난날들이 모두 사랑으로 남아서 향을 만듭니다. 그 과거가 우릴 구성하기에 우리가 돌아본 과거는 모두 아름답습니다. 살아있는 것과 건강하게 사는 것이 가장 큰 행복입니다.

2°
아픔을 외면하지 않는 시와 글

예지

먼저 아는 것이
고통이 되기도 합니다.

나만 아는 것이
우릴 고독하게 합니다.

미리 알고 많이 아는 것이
슬픔으로 녹아듭니다.

 미래를 아는 일은 특별한 일입니다. 그 특별함이 돈과 연결되면 좋을 것인데 우리가 아는 미래는 노화입니다. 우리는 열심히 노력하며 살고 나이들 예정입니다.

 약해지는 두려움은 거짓말에 빠질 위험이 있습니다. 기록으로 남은 과거를 진실로 믿으며 그 말들로 자신을 만드는 것이 함정입니다. 거부할 수 없는 것을 받아들이는 건강이 필요합니다.

 외면하는 마음에 용기를 줍니다. 우리의 미래가 훤히 보여도 우린 최선을 다합니다. 불안하고 답답해도 더 나빠지지 않기 위해 계속 노력합니다. 그 사실이 우리에게 녹아듭니다.

 비극이 삶에 녹아들면 담담한 만족이 생깁니다. 운이 좋다면 좋은 사람을 만나서 도움을 받을 것이고, 그렇지 않다면 과거를 돌아볼 즐거움을 얻을 것입니다.

검은

어두운 것이
우릴 서늘하게 합니다.

이 싸한 기분이
우리 마음을 날카롭게 합니다.

두려움은 어둡지만
거부하지 않고 마주합니다.

모르는 일들은 우릴 두렵게 합니다. 두려움이 우릴 소극적으로 만들면 우린 작은 사람이 되어있습니다. 다치는 게 두려운 건 우리 본능인데 때로는 이걸 다르게 바꿔야 합니다.

두려움은 겸손함을 주기도 하고 예리함을 주기도 합니다. 경각심이 생기면서 판단을 더 정교하게 합니다. 안 보이는 검은 느낌이 우릴 날카롭게 하니 어두운 칼인 것 같습니다.

두려움과 용기를 적절하게 섞습니다. 무엇을 보던 용기를 낼 것이지만 잘못될 걸 두려워하며 섬세해집니다. 우리가 언제나 부지런히 애써도 남들이 보기엔 거침없어 보일 겁니다.

보이지 않는 감각은 종교가 되기도 합니다. 우린 언제나 사람들 속에 살아서 우리의 두려움은 건강으로 연결됩니다. 마음이 건강하여 두려움을 마주하고, 마음이 겸손하여 실수가 없습니다.

밖으로

답답하고 분해서
밖으로 나갑니다.

날이 이렇구나
시간이 또 흘렀구나

걷는 걸음에 숨을 쉽니다.
마음을 차분하게 합니다.

 답답함이 가득해지면 공간도 답답해집니다. 우리의 숨이 감정을 가득 채우고, 그 감정들이 방을 채우는 답답함입니다. 더 뿜어낼 답답함이 없어서 밖으로 나갑니다. 마음을 환기합니다.

 매일 보던 풍경이 다르게 다가옵니다. 날을 잊은 시간이 다르게 느껴집니다. 매일 출근하던 시간과 퇴근하던 시간에 계절이 입혀집니다. 봄의 출퇴근과 여름, 가을의 출퇴근을 구분합니다.

 내가 또 한 계절을 살았구나, 하고 느끼며 흘러간 시간을 느껴봅니다. 생각을 환기하며 분출하는 감정도 바꿉니다. 화가 나고 답답한 감정들을 가라앉는 진흙처럼 정돈합니다.

 우리 마음이 물이어서 가만히 두면 맑아집니다. 주변에서 우릴 힘들게 해도 잠시 물러나서 기다리면 다시 평온해집니다. 가만히 있는 것이 어려우면 걸어도 좋습니다. 물은 원래 맑습니다.

가을

뜨거운 여름이 지나니
찾아온 서늘함이 아쉽습니다.

다시 뜨거워지고 싶어도
이젠 가을입니다.

시원함이 얼기 전에
가만히 느껴봅니다.

더워서 싫었는데 돌아보니 꽃향기가 좋았습니다. 잎이 다양한 색을 얻으며 땅으로 내려오니 가을입니다. 땅은 다시 생명을 피울 준비를 하지만 우리 마음은 아직 여름입니다.

해가 지나면 다시 돌아올 여름도 가을을 느끼고 나면 아쉽습니다. 더워서 밖도 잘 안 나갔는데 단점보다는 장점이 더 많이 생각납니다. 햇빛이 강했고 모든 것이 선명했습니다.

우리 삶이 항상 현재에 있는 것도 이와 같습니다. 과거는 아름답고 미래는 두려워서 그렇습니다. 지난 것은 즐겨야 하고 맞이할 것은 준비해야 해서 현재는 언제나 분주합니다.

가을은 수확의 계절입니다. 지나간 여름이 아쉽더라도 겨울을 준비해야 합니다. 봄과 여름에 그랬듯이 우린 또 열심히 합니다. 겨울에도 그럴 것입니다. 겨울엔 봄을 준비할 겁니다.

한 송이

이 많은 생명 중에
당신이 들어옵니다.

언제든 떠날 꽃처럼
그 계절이 찾아옵니다.

이 한 송이가
우리 마음의 주인이 됩니다.

대비하지 못할 때 툭 치고 들어옵니다. 작은 충격에도 교통사고가 납니다. 우리 마음은 어수선해지고 이게 무엇인지 관찰합니다. 작은 꽃입니다. 언제든 시들 준비가 된 꽃입니다.

작고 여린 대상을 사랑하는 건 언제나 위태롭습니다. 그 감정은 정말 여려서 자신만 생각합니다. 어렵고 힘들면 떠납니다. 그 여림을 사랑하던 우리를 배려하지 않습니다.

끝없이 넓은 우리 마음도 꽃이 주는 충격을 받으면 작은 화단이 됩니다. 그 넓은 마음을 작게 좁히고, 우리의 사랑을 세심히 관찰합니다. 꽃은 하나인데 우린 엄청 많은 의미를 부여합니다.

중요한 건 구속하지 않는 겁니다. 우린 항상 최선을 다하고 잘할 것이지만 그 꽃의 선택을 존중할 겁니다. 떠나더라도 우리의 화단은 남습니다. 다시 올 한 송이를 기다릴 뿐입니다.

빨간불

붉고 강한 신호가
마음을 놀라게 합니다.

이 경계심으로 멈춥니다.
관성도 멈추게 합니다.

잠깐 기다리면 됩니다.
기다리면 파란 불입니다.

멈춰야 할 때 멈추는 것이 어렵습니다. 눈에 보이고 머리로도 아는데 몸이 안 멈출 때가 있습니다. 달리던 관성이 정지선을 넘게 하는 당황스러움이 삶에 찾아옵니다.

멈춰야 할 때 멈추려면 평소에 빨간불을 생각해야 합니다. 언제든 멈출 수 있게 생각의 한 곳에 노란 불이 있어야 합니다. 너무 느리지 않고 원할 때 멈출 수 있는 노란 불입니다.

삶의 신호를 아는 일은 어렵습니다. 우리의 정보와 판단이 감정과 섞여서 신호등의 색을 헷갈리게 합니다. 분명 파란불인데 노란 것 같기도 하고, 빨간 불인데 파란불 같기도 합니다.

뛰어야 할 때 뛰는 것과 멈춰야 할 때 멈추는 것이 어렵습니다. 마음에 용기와 지혜가 같이 있어야 가능합니다. 한편으로 치우치지 않고 균형을 잘 잡았으면 합니다.

문

벽을 두드리니
문이 열립니다.

찬 공기가 따듯해지고
언 마음도 녹습니다.

닫힌 걸 열고 나니
마음이 트입니다.

벽을 만나면 생각이 많아집니다. 어딘가에 문이 있는 건지, 돌아서 가야 하는지, 넘어서 가야 하는지 모르겠습니다. 그래서 어딘가에 문이 있기를 바랍니다.

밖에서 기다리다가 안에 들어간 것처럼, 막힌 벽의 문을 발견하면 마음이 편해집니다. 돌아가지 않아도 되는구나, 하는 생각이 마음을 안도하게 합니다.

모든 상황에 문이 있을 수는 없지만, 멀리 돌아가는 수고를 생각하면 문을 찾으려고 시도합니다. 조금 더 쉽고, 고생하지 않는 방법을 찾게 됩니다.

사람들은 항상 의지와 노력을 이야기합니다. 어쩌면 그것보다 중요한 건 운과 인맥입니다. 좋은 운으로 좋은 사람을 만나면 벽을 쉽게 넘는 문을 발견할 겁니다.

흔적

삶을 증명하려고
흔적을 남깁니다.

어떨 땐 가족으로
아니면 기록으로 남깁니다.

우리가 살다 간 흔적을
길게 남기고 싶습니다.

 삶의 의미를 찾으려면 떠난 자리를 고민하게 됩니다. 지금 느끼는 괴로움, 즐거움과 상관없이 의미를 남길 수 있는지 고민하게 됩니다. 공룡이 남긴 화석처럼 흔적을 남기고 싶어집니다.

 가장 공통적인 모습은 가족입니다. 가정을 만들고 자손을 잘 성장시켜서 자기 흔적을 남깁니다. 글로 기록을 남기기도 합니다. 조금 외로운 방법이지만 누군가 읽어주면 흔적이 됩니다.

 내세를 믿진 않습니다. 본능적으로 느끼는 욕심입니다. 이 세상을 건강하게 살고, 그 흔적을 남겨서 존재를 몸으로 느끼고 싶습니다. 그저 흙으로 돌아가는 것이 아니길 바라는 마음입니다.

 흔적을 남기고 싶은 마음이 도덕이 되기도 합니다. 내가 떠난 자리에 날 비난하는 사람이 없기를 바랍니다. 잘 지냈다는 칭찬만 있기를 바랍니다. 그렇게 오늘도 건강하게 삽니다.

흔적

삶이 아쉬워서
흔적을 남깁니다.

어느 시기엔 가족으로
아니면 기록으로 남깁니다.

살았다는 흔적을
길게 남기고 싶습니다.

살아있다는 사실에 감사하면서도 욕심을 냅니다. 이 삶의 의미를 남기고 싶어집니다. 누군가 기억해줬으면 하고, 그 기억이 계속 이어졌으면 합니다. 아쉬움으로 시도합니다.

흔적을 남기려는 시도는 가족을 만드는 시도가 됩니다. 사랑하는 사람들과 같이 살며 공통의 기억을 공유합니다. 다르게는 기록을 남기기도 합니다. 감정과 추억을 담아 적습니다.

이렇게 흔적을 남기고 사람들이 이 흔적을 알아줬으면 합니다. 욕심이지만 욕심을 냅니다. 살아있는 감각이 더 생생해지고 더 진지해지려고 흔적을 남깁니다.

삶은 기억과 공유로 이어집니다. 족보가 되기도 하고 작품이 되기도 합니다. 각자의 방식으로 이어갈 것이지만 서로에게 기쁨이 되었으면 합니다. 누군가 남긴 흔적을 읽고 즐거웠으면 합니다.

비결

세상이 쉽게 보여서
한 방을 노립니다.

작은 것에 감사하던 마음이
큰 것에 무뎌집니다.

비결은 겸손함입니다.
작은 것이 소중해야 합니다.

성공이 급해지면 엉뚱한 방법을 믿기 시작합니다. 교리로 구원을 얻으려는 사람이 된 것처럼, 운에 영향을 심하게 받는 것에 빠져듭니다. 그리고 이야기합니다. 한 방이라고 합니다.

 한 방을 노리기 시작하면 작은 걸 못 보게 됩니다. 일해서 버는 돈이 적게 보이고 그 습관은 소비를 크게 만듭니다. 간절함이 우릴 함정에 빠뜨리니 성공의 비결을 찾아야 합니다.

 돈으로 성공하고 싶다면 겸손하고 검소해야 합니다. 이익이 있다면 우선 잡으려고 노력해야 합니다. 돈 쓸 일이 있다면 줄이려고 노력해야 합니다. 그래서 겸손하고 검소해야 합니다.

 혼자 성공하려고 해서 성공이 너무 어렵습니다. 좋은 습관을 들이고 이 생활을 공유할 수 있는 사람을 찾아야 합니다. 친구, 후원자, 스승, 모두 좋습니다. 같이 성공해야 합니다.

기억

마음의 확신을
기록으로 남깁니다.

글에 담긴 감정이
과거가 됩니다.

기억을 남겼는데
감정이 남았습니다.

 기억을 추억으로 남기려고 사진을 찍습니다. 글을 적기도 합니다. 그렇게 남기고 돌아보면 우리 기억이 추억을 떠올립니다. 그 순간에 남긴 감정을 떠올립니다.

 우리는 항상 정확한 걸 원합니다. 그래서 우리가 남긴 글이나 사진이 그 순간을 정확하게 기록해주길 원합니다. 그 기록이 정확해도 떠올리는 사람은 주관적으로 회상합니다.

 이 부정확함이 우릴 불편하게 할 수 있습니다. 암기해야 할 것이 아니라면 조금 틀려도 괜찮습니다. 감정은 정확도와 상관이 없습니다. 디테일이 떨어져도 회상이 즐거우면 괜찮습니다.

 우리는 힘들 때마다 즐거웠던 일을 떠올립니다. 기록물이 있기도 하고 문득 떠오르기도 합니다. 그 감정이 정말 소중해서 똑같이 떠올리고 싶지만, 추억이 있는 걸로 감사합니다.

이중성

나에게만 잔인한
이중 잣대입니다.

본인은 칼등을 보고
나는 칼날을 봅니다.

매번 베이지만
이렇게 살아갑니다.

세상엔 저울이 있어서 우리에게 불리해질 때가 있습니다. 저울의 기울어짐이 지나칠 때가 있습니다. 저울이 너무 무거워지면 세상이 이중적으로 느껴집니다. 우리에게만 불리해 보입니다.

기쁘고 슬픈 일에도 균형이 있어서 매일 기쁠 수 없습니다. 그렇게 가끔 슬픔이 찾아오는데 예상보다 큰 슬픔이 덮치면 파도 아래로 가라앉게 됩니다.

칼날을 손에 쥔 사람처럼, 파도를 계속 맞는 배처럼, 마모되고 지치는 느낌을 받을 수 있습니다. 옆에 보이는 칼등과 육지가 우리 마음에 저항감을 주지만, 시간이 지나면 저울이 반대로 기웁니다.

삶의 일정 시기에는 저항할 수 없는 어려움이 찾아옵니다. 하루, 한 달, 혹은 청년기, 이런 식으로 찾아오면 마음이 마모됩니다. 그 과정도 다 견뎌야 합니다. 저울은 다시 반대로 기웁니다.

목적

하기 싫은 일을 하며
얻을 것을 생각합니다.

목적이 있어서
참습니다.

결과가 좋길 바랍니다.
열심히 했습니다.

하기 싫은 일을 할 때 스트레스가 생깁니다. 무거운 무게를 이겨내야 하는 물건처럼, 불편하고 싫은데 견뎌야 하는 상황이 있습니다. 월급을 기다리는 우리 마음입니다.

생계를 유지하려면 생활비가 있어야 합니다. 그 돈이 우리가 일하는 목적입니다. 어떤 날은 목적 달성이 쉽고, 아닌 날은 어렵습니다. 쉽던 어렵던 우린 참고 열심히 합니다.

쉬운 삶이 없어서 매일 어렵습니다. 생활비도 어려운 날이 종종 있습니다. 그래도 시도하고 노력한 부분을 칭찬합니다. 언제나 최선을 다할 순 없지만, 피하지 않고 도전한 모습을 칭찬합니다.

작은 목적이 생계라면 큰 목적은 행복입니다. 의무로 주어진 노동을 하고 그 남은 에너지로 행복을 찾습니다. 어쩌면 아주 쉽게, 아니면 굉장히 어렵게 찾습니다. 그래도 열심히 합니다.

상업

돈이 중요해서
오늘도 열심히 합니다.

잘살아보려고
오늘도 기운을 냅니다.

이 노력을 모아서
모두 잘살았으면 합니다.

우리의 행복과 타인의 행복엔 모두 돈이 필요합니다. 행복은 마음으로 느끼지만, 몸과 마음이 모두 행복하기 위해서 돈이 필요합니다. 그래서 언제나 잘살려고 노력합니다.

이 노력이 어려워지는 순간은 부양할 대상이 생길 때입니다. 의욕을 크게 얻는 대신에 노력도 더 커집니다. 내가 행복해지는 것이 익숙할 때쯤, 다른 사람을 행복하게 해야 하는 시기가 옵니다.

잘살아 보려는 노력이 어려울 수 있습니다. 그래도 계속 의욕을 내서 움직여야 합니다. 위험을 피하고 안전을 선택하며, 다른 삶과 비교하지 말고 가진 것을 잘 지켜야 합니다.

소중한 것이 생기면 부지런해집니다. 그걸 지키기 위해 더 많이 노력합니다. 몸은 고되지만, 마음은 행복해집니다. 생각하던 것과는 다른 행복이지만, 이것도 분명한 행복입니다.

고귀한

오늘을 사는 내 모습에서
귀한 진리를 배웁니다.

이 평범한 일상으로
세상이 돌아갑니다.

평범하고 고귀한
우리 삶입니다.

  일상의 지루함에 화가 나도 평범한 행복에 감사합니다. 큰 불행이 없는 하루에 감사함을 느낍니다. 특별한 성공이 없더라도 오늘이 행복했으면 합니다. 감사함을 알려주는 귀한 삶입니다.

  화려하고 멋있는 것들이 우리 마음을 어지럽게 합니다. 그들이 결과로 보여주는 것을 자주 보니, 쉬워 보입니다. 모두가 화려하다면 세상은 없습니다. 우리 삶도 꼭 필요한 귀한 삶입니다.

  비범한 삶에는 항상 기복이 있습니다. 돈을 쉽게 쓸 수 있는 삶은 절제를 배우는 것이 어렵습니다. 욕구를 조절하지 못하면 마음은 맑아질 수 없습니다. 마음이 탁한 삶은 행복하지 않습니다.

  문화가 달랐다면 삶을 잘 지키는 이들이 큰 기회를 얻었을 겁니다. 그런 기회가 없어도 이 모습은 중요합니다. 함정에 빠지지 않는 삶은 언제나 맑고 깨끗합니다.

종착지

열차에 타는 즐거움으로
여행을 시작합니다.

처음이 기뻤기에
여행이 즐겁습니다.

시작이 슬펐어도
여행은 좋을 겁니다.

즐겁게 시작한 여행에 불안함이 찾아옵니다. 도착하면 즐겁지 않을 것 같은 불안함입니다. 불안해도 괜찮습니다. 마음이 복잡해지고 불안해도, 분명 좋을 겁니다.

시작은 언제나 준비와 기대로 가득합니다. 마음이 풍선이 되어 하늘을 떠다니기 시작합니다. 이 풍선이 움직이기 시작하면 여행이 됩니다. 터지진 않을까, 조마조마하며 여행합니다.

처음의 마음을 기억한다면 분명 즐거울 겁니다. 어렵고 힘든 일이 생겨도 이 마음을 잘 품고 있다면 다시 힘을 낼 수 있습니다. 잘 기억해야 합니다.

삶은 여행이어서 높낮이와 속도가 계속 변합니다. 울퉁불퉁한 우리 삶이 우릴 계속 시험에 빠지게 합니다. 그 어려움과 당황 속에서 우릴 지켜주는 건, 여행이 행복으로 시작했다는 것입니다.

덜어낸

아끼는 것 중에서
덜어낼 것을 고릅니다.

다 소중하지만
그중에서 고릅니다.

우리 마음이 작아서
다 담을 수 없습니다.

욕심을 덜어내는 일이 어렵습니다. 줄여야 편해지는 걸 알아도 가득 움켜쥐게 됩니다. 마음을 덜어놓고 가뿐히 걸어야 합니다. 그래야 멀리 갈 수 있습니다.

다 가지고 싶은 마음은 순수합니다. 순수한 욕심은 우리 판단을 어지럽게 합니다. 순수한 시선으로 본 거라, 다 귀하고 놓칠 수 없습니다. 그래서 그중에서 고르는 연습을 합니다.

우리의 마음이 작아서 그럴 수도 있고, 그걸 다 가져가는 것이 옳지 않아서 그럴 수도 있습니다. 고민이 시작되었고 골라야 하는 걸 알았다면 골라내야 합니다.

더 많이 경험하기 위해선 가진 걸 내려놓을 줄 알아야 합니다. 마음이 가득할 때는 새로운 걸 경험할 수 없습니다. 아쉬워도 해야 합니다. 그 내려놓음으로 우린 더 성장할 겁니다.

가난

돈이 중요한 세상이어서
가난이 상처가 됩니다.

세상이 돈을 좋아해서
가난은 미움받습니다.

세상에 가난이 없다면
미움받는 일도 줄어듭니다.

부와 빈곤은 태어난 집안으로 결정되는 경우가 많습니다. 부잣집에서 태어난 사람은 유지하는 걸로 부자가 되고, 가난한 집에서 태어난 사람은 부자가 되기 위해 특별한 운이 필요합니다.

태어날 때 정해진 게 우릴 아프게 합니다. 우리의 가난을 우리가 선택하지 않았는데, 가난하다고 상처를 주면 태어난 게 잘못인가 싶기도 합니다. 세상이 돈을 너무 좋아합니다.

가난이 없는 세상은 불가능합니다. 그래도 모두가 더 풍족해지면 좋겠습니다. 상처받는 일도 줄어들고 낳아준 집안을 더 감사히 여겼으면 좋겠습니다.

돈이 중요한 세상에서는 열심히 살아야 합니다. 부를 누릴 수는 없어도 가난해지지 않기 위해 노력해야 합니다. 작은 운으로도 평범해질 수 있습니다. 상처를 줄이는 노력입니다.

씨앗

심어질 때
무엇이 될지 정해졌습니다.

할 수 있는 건
더 많은 열매입니다.

최선을 다합니다.
이미 정해져서 그렇습니다.

유전은 삶에 큰 영향을 줍니다. 예술과 체육부터 사업, 영성까지 한 개인의 삶에 유전은 굉장한 영향을 미칩니다. 우린 이미 태어날 때 정해져 있습니다.

태어날 때 정해진 걸 알아도 이 모습으로 더 많이 할 수 있습니다. 우리가 벼로 태어났다면 더 많은 곡식을 만들 수 있고, 사과로 태어났다면 더 많은 사과를 만들 수 있습니다.

자기 삶을 알기 때문에, 더 진지하게 노력합니다. 우리는 작은 씨앗으로 태어났지만 내 노력은 분명 큰 열매를 맺을 것입니다. 우리가 맺을 열매를 바꾸려 하지 않습니다.

가장 좋은 재능인 돈과 운이 없어도 좋습니다. 손재주라면 그걸 계속 발전시키면 됩니다. 노력하고 발전하면 분명 나아집니다. 사람으로 태어나서 더 나은 삶을 사는 건 모두에게 공평합니다.

표현

눈에 보이는 부러움을
품위 있게 포장합니다.

존중해주고
인정합니다.

표현만 바꿨습니다.
여전히 부럽습니다.

 더 가진 사람을 볼 때 느껴지는 부러운 마음은 외면할 수 없습니다. 부러움을 부정할 수도 없어도 존중하고 인정합니다. 타인이 가진 것을 인정하고 존중합니다.

 가진 것이 없어도 마음엔 멋이 있습니다. 내 마음의 멋을 위해 부러움으로 작아지지 않을 뿐입니다. 외모는 평범해도 마음엔 멋이 있습니다. 이 멋으로 마음은 언제나 넓고 평화롭습니다.

 상대를 존중하고 인정함으로 품위를 얻습니다. 이걸 위해선 넓은 마음이 필요하지만, 그 마음의 결정이 품위입니다. 외부에서는 간섭할 수 없는 마음의 멋스러움입니다.

 최고로 사는 일은 불가능합니다. 그래서 최고를 인정하는 마음을 가지기 위해 노력합니다. 그 넓은 마음이 우리의 멋입니다. 우리가 가진 건 조금 부족해도 우리 마음엔 멋이 있습니다.

희망

지금은 힘들지만
미래를 기대합니다.

우울을 치료할 약으로
희망을 갖습니다.

내일은 분명히
더 좋을 겁니다.

나아진다는 기대가 오늘을 견디게 합니다. 힘들었던 어제를 오늘 아침 다시 시작한 것처럼, 오늘의 힘든 하루는 내일 다시 시작할 겁니다. 다시 시작하는 마음으로 미래를 기대합니다.

변할 거라는 기대가 우리의 무력감을 치료합니다. 희망을 가슴에 품고서 희망이 삶을 치료할 것을 기대합니다. 기대하는 마음이 믿음이 되어서 삶을 나아지게 할 거라 믿습니다.

내일이 오늘과 같아도 우린 다시 일어날 겁니다. 긴 잠을 자고 일어난 것처럼 아침을 또 시작할 겁니다. 내일은 분명히 좋을 거라 믿으며, 잠깐의 숙면으로 위로를 받을 겁니다.

희망은 우릴 더 큰 고통으로 데려갑니다. 그 위험을 마주하는 행동이 변화의 시작이어서 그렇습니다. 욕심이 있어야 움직이는 동물처럼, 나아진다는 믿음으로 우리는 또 고통 안으로 들어갑니다.

홍차

따듯한 차 한 잔으로
바쁜 호흡을 정돈합니다.

굳어있던 몸도
같이 누그러집니다.

쓴맛과 차의 온도가
깊은 휴식을 줍니다.

배부른 점심시간에 따듯한 차 한 잔을 마십니다. 쓴맛과 뜨거운 물이 몸을 나른하게 합니다. 이완된 느낌으로 차를 마시며 잠깐 쉽니다. 오전의 일을 생각해보기도 합니다.

따듯한 차 한 잔이 굳어있던 몸도 누그러지게 합니다. 외부에 반응하려고 날이 서 있던 감각들을 차분하게 합니다. 피곤함이 갑자기 사라지진 않지만 몸과 마음엔 여유가 생깁니다.

약간의 떫은맛과 체온보다 높은 온도가 심신을 유연하게 합니다. 짧지만 깊은 휴식을 갖고 다시 힘을 얻습니다. 그렇게 오후를 준비합니다. 짧지만 깊은 점심시간입니다.

휴식이 참 어려운 세대입니다. 창틈으로 잠시 숨을 쉬어야 하는데, 사방이 막힌 것 같은 세상을 살고 있습니다. 호흡이 어렵다면 마시는 음료가 도움이 됩니다. 뜨거운 차 한 잔도 좋습니다.

세탁

무장을 해제하듯이
지친 옷을 벗습니다.

피곤한 허물을 벗듯이
빨래 바구니에 넣습니다.

돌아가는 세탁기를 보며
하루를 헹궈냅니다.

쉬운 하루는 없습니다. 집 밖을 나가는 순간 피로가 시작됩니다. 계획한 일정과 그 실행으로 하루를 보냅니다. 생각과 몸이 밖에서 익숙해질 때쯤, 그 피로를 가지고 집으로 옵니다.

우리의 피로가 허물이 되어서 옷을 벗습니다. 이 옷들에 피로가 묻어있는 것처럼 피로를 세탁합니다. 허물은 벗은 동물이 뽀송해진 것처럼, 피로를 벗은 우리는 하루를 마무리합니다.

세탁기가 돌아갑니다. 원을 그리며 돌아가는 우리의 허물이 물에 젖고, 세제와 거품을 만들고, 다음엔 헹궈집니다. 우리의 하루처럼 옷들은 부지런히 세탁됩니다.

저녁을 휴식으로 느끼는 것처럼, 하루는 언제나 긴장입니다. 쉬운 날은 없고 열심히 하는 날만 있습니다. 아침에 해가 뜬 것처럼, 밤에는 해가 없습니다. 정해진 시간이 있으니 열심히 합니다.

생일

생명이 태어남으로
부모가 기뻐합니다.

태어난 이유는 모르지만
그 자체로 기쁨이 됩니다.

귀하게 태어났으니
세상에 기쁨이 되고 싶습니다.

우리는 항상 태어난 이유를 고민합니다. 고민이 길어질수록 답을 내놓는 것이 어렵습니다. 모른다는 판단이 들면 사는 이유를 고민합니다. 성공하려고, 증명하려고, 보답하려고, 등등입니다.

태어난 이유는 모릅니다. 그래서 우린 더 단순한 의미에 집중합니다. 살아야 하는 이유와 방법을 고민합니다. 우린 건강하게 살아야 하고 건강을 계속 연구하고 발전시켜야 합니다.

심신이 건강한 건 어려운 일입니다. 완벽한 건강도 없기에 항상 고민하고 노력합니다. 그 과정에서 우린 세상에 대한 소속감을 경험하고, 사는 걸 두려워하지 않게 됩니다.

생명이 태어난 건 그 자체로 기쁜 일입니다. 그 기쁜 마음을 공유하는 것이 세상을 기쁘게 하는 일입니다. 건강하게 태어나고 자라서 세상의 기쁨이 되고 싶습니다.

진작에

감정이 가라앉으니
지난 일을 후회합니다.

후회를 알았다면
배움이 깊었을 겁니다.

정말 중요한 건
과거에서 배우는 겁니다.

 지난 일을 돌아보며 배움을 얻습니다. 시야가 넓어지고 반성하기도 합니다. 그렇게 지금의 모습에서 더 나아지며 다음엔 실수를 안 하려고 다짐합니다.

 후회하는 모습에서 지혜를 배웁니다. 돌아보는 경험이 현실에서 더 열심을 내게 합니다. 노력하고 반성하며 배움의 범위가 넓어집니다. 후회할 행동을 줄이고 성장합니다.

 지난 일을 고치는 건 완벽에 가까워지는 연습입니다. 실수를 전혀 안 할 수는 없지만 줄이려고 노력합니다. 돌아보는 범위가 더 넓어지고 후회할 것들은 더 작아집니다.

 잘하는 것 대신에, 더 잘하려고 노력합니다. 남들이 아는 잘못에서 시작해서 남들이 모르는 잘못도 모두 반성합니다. 지난 일을 후회하고 반성하는 방법을 진작 알았어야 합니다.

안다

떠오른 영감을
마음에 담아둡니다.

급하게 발전시키지 않고
차분히 마음에 품습니다.

정말 중요한 대상은
길고 오래 간직해야 합니다.

번뜩이는 아이디어가 떠오르면 그걸 얼른 적으려 합니다. 그리고 어떻게 발전시킬지 고민합니다. 공부와 연구에선 이걸로 충분합니다. 더 높은 수준에선 간직하는 것이 중요합니다.

영감이 바다처럼 넓고 깊어지면 사소한 아이디어 때문에 큰 아이디어를 지나치게 하지 않는 것이 중요합니다. 번뜩임에 빠져서 급한 생각들로 마음을 채우지 않는 것이 중요합니다.

기록과 진행을 위해선 번뜩임을 붙잡는 것이 중요합니다. 영성을 위해서는 조금 다릅니다. 무수한 앎 속에서 몸에 체화되는 과정을 만들어야 합니다. 그래서 마음에 품어둡니다.

정말 좋은 것은 그 자체로 의미를 갖습니다. 조급함 없이도 발전이 이뤄지고 그 자체로 건강합니다. 마음을 뺏기지 않을 만큼 영감이 가득하길 바랍니다.

기분

오늘의 기분은
남색입니다.

깊은 바다처럼
고요한 기분입니다.

누가 와도 고요한
넓고 끝없는 기분입니다.

작은 습관으로 하루를 바꿉니다. 이번에 익힌 습관은 기분 바꾸기입니다. 기분에 색을 입혀도 좋고 단어로 정의해도 좋습니다. 오늘의 기분은 남색입니다.

깊은 바다색을 떠올립니다. 그 색과 바다 안에서 길고 깊게 숨을 쉽니다. 부딪혀도 철썩이고 마는 바다처럼 거대하고 무딘 기분을 모방합니다. 남색의 습관입니다.

마음으로 바다가 되어봅니다. 오늘의 부딪힘은 바다가 부딪힌 겁니다. 오늘의 복잡한 감정들도 바다가 겪는 일입니다. 시끄러운 파도가 나타나지만, 금방 조용해집니다.

상처받지 않는 습관을 만듭니다. 마음은 바다처럼, 호흡도 바다처럼 합니다. 생각으로 기분을 바꾸고, 기분으로 하루를 바꿔봅니다. 넓고 끝없는 마음으로 하루를 보냅니다.

기계

기계처럼 계획대로
성공하고 싶습니다.

그 길이 아닌 것처럼
계속 망설입니다.

사람이라 그런지
생각이 많습니다.

기계처럼 살면 시간이 기계처럼 지나갑니다. 우리가 보내는 시간에 시행착오가 없어집니다. 기쁨과 슬픔도 없어지면 흘러간 시간을 아쉬워할 수 없게 됩니다.

삶을 생생하게 느껴야 합니다. 너무 반복적이어도 안 되고, 너무 즐겁기만 해도 안 됩니다. 시간의 흐름을 잘 느끼고, 몸과 마음이 깨어있어야 합니다.

몸과 마음이 맑아져야 깨어있을 수 있습니다. 호흡엔 감정이 없고 생각엔 불편함이 없어야 합니다. 이 모습도 계속 반복되면 기계처럼 되니, 세상과 부딪히며 탁해져야 합니다.

완벽하게 맑아지는 것이 어려워서 빠르게 맑아지는 연습을 합니다. 무엇이 부딪혀도 좋습니다. 탁해져도 맑아질 수 있습니다. 어떤 상황을 마주해도, 다시 맑아질 수 있습니다.

밥

답답하고 속상해도
밥은 꼭 먹습니다.

먹고 힘을 내서
다시 해봅니다.

지치고 힘들어도
밥은 꼭 먹습니다.

 지치고 무기력해지면 밥 먹을 의욕도 없어집니다. 아무것도 하기 싫어서 힘이 계속 빠집니다. 계속 그렇게 있으면 시간이 많이 흐르게 되어서, 밥은 꼭 먹습니다.

 생각이 많거나 예민할 때도 밥은 꼭 먹습니다. 배에 음식이 들어오고 약간의 나른함으로 쉽니다. 몸에 에너지가 들어와야 합니다. 그래야 마음도 긍정적이고 아이디어도 좋아집니다.

 지칠 땐 더 지치지 않게 주의해야 합니다. 부정적인 생각에 오래 갇혀 있는 걸 주의해야 하고, 밥을 굶어서 건강이 나빠지는 것도 조심해야 합니다.

 밥은 언제든 먹을 수 있어서 다행입니다. 그렇게 에너지를 얻고 다시 도전할 수 있어서 다행입니다. 잘 먹는 건강은 어렵지 않습니다. 잘 먹어야 합니다.

동그란

완벽한 곡선을 위해
열심히 연습합니다.

동그란 원이
우릴 헷갈리게 합니다.

그린 사람 눈엔 보이는데
보는 사람은 완벽합니다.

 완벽함을 향한 노력이 긴 여정입니다. 남들이 보기엔 완벽해도 그린 사람 눈엔 흠이 있습니다. 결점이 없는 선을 위해 계속 노력하다 보면 남들 눈에는 안 보이는 흠만 남게 됩니다.

 완벽함을 위한 노력이 참 어렵습니다. 그 노력에 의미를 못 느낄 수도 있습니다. 그 판단도 맞습니다. 노력에 비해 성취가 낮은 일엔 시간을 많이 쓸 수 없습니다.

 완벽함에 대한 집착도 있습니다. 들인 비용에 비해 얻는 게 적어도, 계속 노력해 봅니다. 그건 단순한 기술부터 삶을 대하는 태도까지 다양합니다. 그 경험도 도움이 됩니다.

 완벽함을 원하는 마음으로 수행합니다. 닿을 수 없는 대상에 도전하며 겸손함과 성실함을 배웁니다. 자기만족이지만 분명 의미가 있습니다. 가장 완벽한 원, 혹은 삶을 도전합니다.

호기심

청춘의 열정으로
세상을 마주합니다.

많은 것이 새롭고
새로움이 즐겁습니다.

젊기에 궁금합니다.
호기심으로 세상을 봅니다.

젊다는 건 새롭게 경험할 일이 많은 겁니다. 그 시기엔 몸과 마음이 건강해서 의욕도 좋고 도전도 많이 합니다. 결과가 보장되진 않지만, 그래도 계속 시도합니다.

도전이 항상 즐거운 결과로 나오진 않습니다. 나이 들고 지치면 쉽게 포기하지만, 젊을 땐 실패와 실망이 있어도 도전합니다. 잘 몰라서, 혹은 자신이 있어서 시도합니다.

명확하게 아는 건 열정이 아닙니다. 잘 모르고 호기심이 있어서 열정입니다. 상처받기도 하고 겁을 내기도 하지만 열정이 그걸 덮습니다. 그 마음이 좋은 결과를 만나길 바랍니다.

젊은 사람들이 열정으로 경험하고 각자의 성취와 지혜를 얻었으면 합니다. 그 경험이 다른 젊은 사람들을 돕는 계기가 되었으면 합니다. 호기심이 배움이 되었으면 합니다.

개미

성실과 충성으로
평생을 삽니다.

개성과 특징 없이
소속감으로 삽니다.

하나의 우리를 위해
개미가 되어봅니다.

 구성원들의 개성이 너무 강하면 집단이 약해집니다. 결과를 얻기 전에 각자 챙길 몫부터 챙기는 일이 많아져도 집단은 약해집니다. 그래서 개미를 생각합니다.

 가장 앞에 있는 사람이 구성원들을 배신하지 않으면, 우린 조직을 위해 충성할 수 있습니다. 단체가 결과를 얻기까지 기다릴 수 있고, 그걸 위해 성실함과 충성을 낼 수 있습니다.

 개성보다 소속감을 우선하는 일이 어렵습니다. 중요한 건 믿을 수 있어야 합니다. 그 믿음이 없는 충성은 아무도 하지 않습니다. 지도자도 자기 조직에 대한 애착이 있어야 합니다.

 여러 사람이 하나가 되는 일이 어렵습니다. 개성보다 소속감을 더 중요하게 여기는 일도 어렵습니다. 즐거운 마음으로 개미가 되는 날이 왔으면 합니다. 평생 개미는 아닐 겁니다.

3°
아픔이 후회로 변하는 시와 글

전화

누군지 미리 알아서
연락을 골라서 받습니다.

좋은 전화, 나쁜 전화
화면에 다 나옵니다.

기다리는 전화도 있습니다.
화면을 기다립니다.

화면에 누가 전화했는지 나옵니다. 그래서 마음의 준비를 합니다. 좋은 전화는 좋게 받고, 싫은 전화는 싫어할 준비를 합니다. 미리 아는 일은 언제나 편합니다.

기다림은 미리 알 수 없습니다. 그래서 기다립니다. 화면엔 누가 전화했는지 아는데, 기다리는 전화가 언제 올지는 모릅니다. 기다림은 모르는 일과 친해져야 합니다.

연락이 편하고 빨리 될수록 기다리는 일이 어려워집니다. 심리전을 하는 경기처럼, 아니면 물고기를 기다리는 낚시처럼 기다리는 일이 어렵습니다.

전화벨에 놀라기도 합니다. 화면에 보인 글자에 실망하기도 합니다. 그 마음은 결국 기다림입니다. 편리함으로 잊게 된 쉬운 감정입니다. 알면 기다림이 쉽습니다.

과분

남은 걸 쌓아둡니다.
넘쳐서 그렇습니다.

모자란 걸 그냥 둡니다.
천천히 채워갑니다.

더하고 빼면 맞습니다.
그래서 천천히 합니다.

 넘치면 보관을 고민하게 됩니다. 부족하면 채울 방법을 고민하게 됩니다. 넘치는 것과 모자라는 것을 모두 경험하고 나면, 넘쳤다 모자라는 반복을 이해하게 됩니다.

 기준에서 벗어나는 것들을 급하게 움직일 필요는 없습니다. 들어오고 나가는 흐름에 익숙해지면 그 흐름에 맞춰서 덜고 더하면 됩니다. 흐름을 먼저 이해하고, 행동이 나중에 나와야 합니다.

 처음엔 안 맞는 상황들이 이해하기 어려워서 분주할 수 있습니다. 이리저리 움직이고 나면 반복되는 상황과 해결 방법을 이해합니다. 그 이해가 생기면 여유가 생깁니다.

 당장 안 되는 일이 생기면 답답합니다. 더하고 빼봐도 계속 안 맞을 수 있습니다. 전체적인 상황과 움직임을 먼저 이해해야 합니다. 급하게 서두르면 안 됩니다.

마스크

가려진 모습을 보며
벗은 모습을 상상합니다.

호기심이 긍정을 불러와서
가리지 않은 모습을 상상합니다.

우리 마음이 착합니다.
보이지 않는 건 긍정적입니다.

마스크 쓴 모습이 가려진 부분을 상상하게 합니다. 가려진 안쪽이 궁금합니다. 실망할 거라는 생각보다는 좋을 거라고 상상합니다. 모르는 건 긍정적으로 생각합니다.

다 보여주는 건 위험합니다. 그래서 살짝 가립니다. 친한 사람에게도 가리는 부분이 있고, 모르는 사람에게도 가리는 부분이 있습니다. 살짝 가리는 게 예의입니다.

상대에게 우리 모습을 다 보여주는 건 우리 모습을 다 이해해달라고 하는 겁니다. 그래서 보여줄 수 있는 부분만 보여줍니다. 서로 이해할 수 있는 만큼만 소통합니다.

우리 마음이 상대와 같지 않습니다. 그래서 서로가 공유할 수 있는 부분만 보여줍니다. 우리 마음이 착해서 가린 부분도 다 좋을 것 같습니다. 그래도 이 가려짐을 존중해야 합니다.

창틀

밖을 보면서
기다립니다.

창틀에 기대다가
기다림을 잊습니다.

창틀에 먼지가 쌓입니다.
기억하지 못한 기다림입니다.

 기다림이 시작되면 기다림을 돕는 도구가 생깁니다. 화면일 수도 있고, 창문일 수도 있습니다. 그 도구를 통해 기다림이 끝날 순간을 기다립니다. 밖을 봅니다.

 문밖을 보며 기다리다가 기다림을 잊습니다. 실망 끝에 잊었을 수도 있고, 지루해서 다른 일을 할 수도 있습니다. 기다림이 간절해도 지치면 잊게 됩니다.

 기다림에 먼지가 쌓입니다. 우리의 기다림을 돕던 창문과 화면에도 먼지가 쌓입니다. 이 모든 기다림에 지치면 잊게 됩니다. 간절함이 기다림으로 지치는 건 아픈 일입니다.

 우리 삶이 계속 흐르게 되어있어서 기다림을 잊습니다. 간절함도 잊는 이 일이 우릴 아프게 합니다. 망각이 주는 아픔이 다시 우릴 움직이게 합니다.

기억한다

잊을 수 없는 것들을
마음에 품습니다.

품은 것을 간직하고
열심히 살아갑니다.

억지로 기억하지 않습니다.
마음에 간직합니다.

공부는 기록으로 진행이 됩니다. 교훈은 경험으로 진행합니다. 겪은 일들을 마음에 품고 그걸 몸에 익힐 때까지 마음에 담아둡니다. 인생 공부는 시험공부와 조금 다릅니다.

암기로 익혀도 살다 보면 잊습니다. 중요한 습관은 그렇게 다양하지 않습니다. 그래서 잊을 수 없는 몇 가지를 마음에 품고 계속 노력합니다. 자연히 배우려고 노력합니다.

중요한 무언가를 알고 나면 그걸 글로 풀이하는 일이 어렵습니다. 기록하고 외우고 싶어도 마음으로 안 것을 머리로 풀어내려면 너무 많습니다. 마음으로 외워야 해서 마음에 담아둡니다.

말로 표현하기 어려운 배움이 있습니다. 단순하지만 변화가 다양해서 정의하기 어렵습니다. 그래서 건강을 이야기합니다. 건강하면 변화가 다양해도 대응할 수 있습니다.

괜찮다

속상함으로 무너지면
괜찮다는 말이 필요합니다.

괜찮을 거라는 위로가
마음에 힘을 줍니다.

괜찮습니다.
잘 될 겁니다.

 우리 마음엔 결핍이 있습니다. 그 결핍을 해결하거나 채우는 것이 어려워서, 밖에서 해결할 방법을 찾습니다. 우린 어떤 대상을 강하게 믿기도 하고, 의지하기도 합니다.

 어딘가에 의지하는 마음은 언젠가 실망으로 돌아옵니다. 그 실망이 우릴 무너지게 합니다. 무너진 모습을 스스로 일으키는 것이 어려워서 다른 대상을 찾습니다.

 찾고 실망하는 일이 반복되면 지치게 됩니다. 우리 마음의 결핍은 지난 일을 후회하기에 생긴 상처입니다. 그 상처가 스스로 아물지 않아서 어딘가에서 위로받고 싶어 합니다.

 마음의 건강을 위해서 작은 일을 괜찮다고 넘기는 지혜가 필요합니다. 자신이 스스로 해줄 수도 있고, 누군가 도와줄 수도 있습니다. 괜찮습니다. 잘 될 겁니다.

아이

숨기고 있는 순수함을
잠시 만나봅니다.

이 마음으로 버팁니다.
순수함으로 살았습니다.

마음엔 아이가 삽니다.
순수함을 지키며 삽니다.

마음속 어딘가에 남아있는 순수함을 잘 숨기고 삽니다. 이 모습을 다 보여주면 상처받는 걸 알아서 잘 숨깁니다. 세상이 삭막해서 마음속의 순수함에서 위로받습니다.

이 마음을 모두 위로받는 날을 상상합니다. 푸석한 세상을 지키는 아이의 마음이 있습니다. 마음이 모두 마르는 것이 걱정돼서 순수한 마음을 남겨두었습니다.

마음이 각박해지면 감정의 변화가 지나치게 다양해집니다. 작은 이익에 쉽게 흔들리고, 작은 손해에 쉽게 분노합니다. 상대의 공격이 고의가 아니라는 믿음이 필요합니다.

세상이 의심으로 가득해질 게 걱정되어서 아이의 마음을 간직합니다. 지나친 의심과 다툼을 줄이려고 순수함을 간직합니다. 언젠가 이 마음이 위로받을 겁니다.

잔상

마음에 잘 간직했는데
다시 보니 흐립니다.

흐릿함만 남았습니다.
잔상을 다시 간직합니다.

남은 모양을 존중합니다.
잔상으로 남았습니다.

삶의 어려움과 기쁨이 모두 망각에 있습니다. 좋은 것과 싫은 것을 모두 잊습니다. 그 기억을 다 담아두어야 하는 부담과 불편한 일을 계속 떠올리는 부담을 망각으로 해결합니다.

흐릿해진 기억을 간직하며 비슷한 상황을 새롭게 경험합니다. 기억이 정확하지 않아서 같은 상황에도 다르게 이해합니다. 그래서 잊고 남은 기억도 잘 간직합니다.

무언가를 잊는 모습도 우리 삶입니다. 대부분의 기억이 잔상으로 남습니다. 그렇게 계속 새로 경험합니다. 선명하진 않지만 흐릿함으로 더 많이 경험합니다.

기억은 종종 고통이 됩니다. 필요할 때만 떠올리려고 잔상으로 남겨둡니다. 잔상은 흐리기에 더 다양하고 많은 기억을 담을 수 있습니다. 기억과 망각의 중간으로 잔상을 골랐습니다.

약

몸이 아플 때
약을 먹습니다.

마음이 아플 때도
약이 필요합니다.

치료가 어렵습니다.
마음은 어렵습니다.

개성과 소속감이 부딪히면 마음이 아프게 됩니다. 사람이 둘 이상 모이면 소속감이 생깁니다. 소속감은 개성과 부딪힙니다. 개성이 다양해지고 존중되고 싶어서 다칠 일이 많습니다.

어느 것도 포기할 수 없어서 부딪히는 방법을 익힙니다. 개성이 있어서 부딪히지만, 소속감을 위해 살짝 스칩니다. 그 스침으로 더 섬세하게 부딪히는 방법을 익힙니다.

마음이 받은 상처엔 정확한 약이 없어서 진료와 치료가 어렵습니다. 좋은 사람을 만나는 일이 제일 빠르지만, 혼자 해야 할 때는 요령을 배워야 합니다.

둘 다 얻기 위해서 고의로 부딪힙니다. 다만 티 나지 않게 최대한 미세하게 부딪힙니다. 그 경험으로 회복할 방법을 배웁니다. 고립되지 않으면서 존중되는 방법입니다.

짧은

짧아서 잘 보입니다.
더 섬세하게 다듬습니다.

길면 오래 걸려서
짧고 정교하게 합니다.

더 많은 집중을
더 작은 곳에 붓습니다.

 작거나 짧다고 실망할 건 없습니다. 마음의 그릇이 작다면 그 작음에 집중할 뿐입니다. 작으면 작은 대로 더 깊고 정교하게 집중합니다. 길고 넓었으면 어려운 일입니다.

 보석도 이렇습니다. 거대한 보석이 없듯이 깊은 정교함으로 가공합니다. 작아도 쉽게 눈에 띄고 본 사람의 강한 집중을 끌어냅니다. 타고난 것이 작다면, 보석이 되면 됩니다.

 타고난 모습이 작다고 가진 열정과 재능이 작은 것은 아닙니다. 작으면 작은 모습을 잘 가꾸면 됩니다. 돈과 환경은 달라도 시간은 모두에게 같습니다. 그 같음으로 노력하면 됩니다.

 마음이 밖에 있어서 자신을 초라하게 만듭니다. 비교당하고 무시당해도 좋습니다. 우리에겐 남들과 같은 시간이 있고, 나름의 노력으로 삶을 가꾸고 있습니다. 그래서 보석입니다.

되풀이

삶을 회귀하는 것처럼
슬픔이 되풀이됩니다.

선순환은 어렵고
악순환은 쉽습니다.

같은 상황은 다시 옵니다.
그날을 대비합니다.

어려운 상황을 피하고 외면하면, 언젠가 다시 마주합니다. 삶이 이래서 어렵습니다. 좋은 일은 쉽게 익숙해지고, 나쁜 일은 매번 불편합니다. 피하려고 한 상황은 다시 옵니다.

다시 부딪혀야 할 상황을 알아서 다른 작전을 준비합니다. 쉽게 피할 방법이나, 쉽게 해결할 방법을 준비합니다. 처음의 회피는 단순히 시간을 벌기 위해서입니다.

성장을 계속해야 하는 압박을 받습니다. 해결하면 또 어려움이 나타납니다. 이 반복이 삶의 순환입니다. 좋게 풀어내면 선순환, 나쁘게 풀어내면 악순환입니다.

되풀이되는 어려움을 하나씩 풀어내야 합니다. 계속 쌓여서 커다란 짐이 되지 않게 잘 풀어내야 합니다. 흘려내거나 풀어내야 합니다. 삶의 지혜가 반복을 즐겁게 할 겁니다.

흔들림

그네를 타는 아이처럼
흔들려도 돌아오고 싶습니다.

우리의 그네엔
손잡이가 없습니다.

흔들릴 땐 집중합니다.
스스로 돌아와야 합니다.

인생이 실전인 이유는 두 번이 없어서입니다. 이익은 모두가 노리고 있고, 불이익은 모두가 피하려고 합니다. 신중함을 유지해야 하고, 실수는 피해로 돌아옵니다.

우리의 노력엔 정해진 틀과 방향이 없습니다. 가고 싶은 방향으로 가고, 머무르고 싶은 장소에 있을 수 있습니다. 대신 그 결정의 결과는 우리가 책임져야 합니다.

스스로 판단해야 해서 어렵습니다. 아이의 그네처럼 알아서 돌아오지 않습니다. 흔들림이 커질수록 재밌지만, 그만큼 위험합니다. 그래서 흔들릴 땐 집중해야 합니다.

마음에 흔들림이 생기면 유혹에 쉽게 무너집니다. 모든 걸 다 참아야 하는 건 아니지만, 기준을 넘는 실수가 생깁니다. 자잘한 건 흔들려도, 중요한 건 견고해야 합니다.

펼치다

마음을 넓게 펼칩니다.
시야도 넓게 합니다.

답답함이 줄어들고
호흡도 길어집니다.

작게 집중된 마음을
넓게 펼쳐 봅니다.

집중이 깊어지면 시야가 좁아집니다. 깊은 물에 몸을 담근 것처럼, 주변을 살피는 일이 어려워집니다. 깊은 집중이 실수로 이어지면 물에서 나와야 합니다.

좋은 집중은 그 자체로 더 깊은 집중을 만들 수 있습니다. 잘 될 때는 그렇게 하면 되고, 안 될 때는 집중을 넓게 펼쳐 봅니다. 긴장이 풀리면서 오는 편안함이 있습니다.

시야가 넓어지면 집중이 얕아집니다. 대신 다른 판단이 가능해집니다. 시선이 분산되면 다른 접근이 쉽게 떠오릅니다. 세밀한 집중을 펼치면 넓은 집중이 가능합니다.

우리는 종종 자신을 쉽게 압박합니다. 더 강한 집중을 끌어와서 특정한 대상에 힘을 쏟습니다. 그 집중은 에너지와 시간을 많이 소모합니다. 가끔 쉬는 마음으로 집중을 분산해봐도 좋습니다.

차창

달리는 차 안에서
밖을 봅니다.

풍경이 계속 변하며
생각이 흩어집니다.

집중이 가벼워지니
마음이 누그러집니다.

생각이 너무 많으면 그 자체로 불편해집니다. 마음에 가득한 생각을 달리는 차 안에서 풀어 봅니다. 차 안에서 본 풍경은 계속 넘어갑니다. 그 넘어감을 마음에서 모방해 봅니다.

계속 흘러가는 풍경을 보며 복잡한 생각을 흘려내 봅니다. 물이 흐르는 것처럼, 풍경이 흘러가는 것처럼, 따라 해 봅니다. 머리를 가득 채운 집중을 흩어 봅니다.

집중이 가벼워지면 마음도 누그러집니다. 쉴 때는 생각을 가볍게 해야 합니다. 마음이 가뿐해야 쉴 수 있습니다. 끝난 일을 계속 마음에 쥐고 있으면, 일해야 할 때 지쳐있습니다.

마음의 훈련을 바깥의 대상에서 모방합니다. 차창에서 흘러가는 풍경을 보며, 마음을 그렇게 해봅니다. 생각을 흘려보내면서 마음을 가볍게 합니다. 이것도 훈련입니다.

독백

대나무 숲에 말하듯
혼자 조용히 말합니다.

할 말이 있는데
외로워서 혼자 말합니다.

사람이 없어서
들으면 안 돼서 그렇습니다.

외로움은 평생의 친구입니다. 우리를 온전히 알아주는 이가 없어서 그렇습니다. 외로움과 친해지고 나면 가끔 독백합니다. 숨겨야 할 말들을 혼자 하며, 조용히 합니다.

가끔은 외로움에게 말을 겁니다. 아무 대답을 못 하는 가상의 친구에게 우리의 외로움을 이야기합니다. 우리 마음엔 숨겨야 하는 무언가가 항상 있고, 그건 가지고 있어야 합니다.

경험이 많아질수록 노련해집니다. 숙련되었다는 건 실수가 적어진 겁니다. 그 단련된 모습이 빈틈없어 보이기도 합니다. 단단한 바위에 보인 흠이 유난히 커 보입니다.

많은 것을 배우고 훈련해도 마음엔 결점이 있습니다. 이 약점을 나눌 이를 찾는 것이 어려워서 우린 외로움과 친구가 됩니다. 쉽게 믿지 않습니다. 조용히 독백합니다.

허우적

진흙에 빠진 것처럼
동작이 급합니다.

방법이 있을 건데
떠오르질 않습니다.

바쁘고 분주해도
마음은 차분해야 합니다.

급한 상황이 생기면 마음에 가라앉아 있던 감정들이 순서 없이 올라옵니다. 흥분, 긴박함, 불편함, 짜증 등이 머리 위로 달려옵니다. 그래서 급한 상황에서는 실수를 많이 합니다.

감정이 이리저리 섞이고 나면 마음이 조급해집니다. 진흙에 빠져서 허우적거리는 것처럼, 방법을 찾기 어렵습니다. 바쁠 때 느긋할 수 없어서, 마음을 분리합니다.

마음 한쪽에선 바쁜 상황에 맞춰서 허우적거립니다. 다른 쪽에선 차분히 합니다. 동작이 급해도 시선은 정확해야 해서 그렇습니다. 급하더라도 차분함을 잃으면 안 됩니다.

마음을 나누는 일이 어렵습니다. 세상을 사는 마음과 수행하는 마음을 동행하는 것이 어렵습니다. 우리의 공부가 건강에 있어서 어려운 걸 해야 합니다. 이걸 해야 건강해집니다.

듣다

감정이 보여서
들어줍니다.

말로 나온 감정들이
마음을 떠납니다.

말을 잘 들어주면
스스로 정돈됩니다.

가득 찬 컵에 물을 붓는 것처럼, 감정이 드러났을 때는 조언이 들리지 않습니다. 그래서 우선 들어줍니다. 컵 안의 감정이 다 쏟아지게 하고, 빈 컵이 될 때를 기다립니다.

말을 통해 나온 감정들이 우리에게 번집니다. 마음이 감정으로 번지는 걸 잘 견뎌야 합니다. 상대의 감정을 비우는 일이 이래서 어렵습니다. 빈 컵을 만들고 우리의 조언을 붓습니다.

우리의 배움이 비움에서 시작되듯이, 상대의 배움도 비워야 시작됩니다. 그 비움을 인위적으로 만들기 위해서 상대의 감정을 우리에게 옮겨 옵니다. 마음이 젖게 되는 어려운 일입니다.

듣는 것은 담는 것입니다. 상대의 생각과 감정을 담아야 우리의 것을 전달할 수 있습니다. 그래서 맑음을 유지하는 것보다 맑아지는 연습이 중요합니다.

큰 부분

마음엔 큰 부분이 있어서
그 부분이 주인이 됩니다.

가끔 주인이
마음을 떠납니다.

주인을 잃은 마음은
새로운 부분을 넓게 합니다.

마음엔 다양한 경험이 있습니다. 다양함으로 빠르게 회복할 수 있습니다. 우리가 마음의 한 부분에 의지하고, 그 의지함에 크게 실망해도 다시 의지할 대상을 찾을 수 있습니다.

우리 마음이 넓습니다. 의지할 때는 한없이 좁아져도 잃고 나면 금방 또 의지할 곳을 찾습니다. 의존을 제거할 수 없어서, 의지할 곳을 여러 곳으로 합니다.

우리 마음에 누군가 들어오는 경우가 가장 어렵습니다. 누군가에게 의존하는 마음은 우리를 편안하게 하면서 약하게 합니다. 그 마음도 본능이라서 없앨 수 없습니다.

좋은 사람만 좋아하는 일이 항상 어렵습니다. 그래서 마음을 여러 부분으로 나눕니다. 푹 빠진 것 같아도 금방 나올 수 있어야 합니다. 우리만이 우리 마음을 온전히 가질 수 있습니다.

다행

더 늦기 전에 알고
지금 알아서 다행입니다.

알고 나면 쉽습니다.
이제부터는 쉬울 겁니다.

어려움을 만나도
쉬울 방법을 찾습니다.

모를 땐 한참 헤매다가도 방법을 알면 쉬워집니다. 쉬워지는 상황을 경험하면, 정면으로 충돌하는 일이 줄어듭니다. 대부분의 상황은 유연하게 해결할 수 있습니다.

부드러움을 배워야 합니다. 상대가 뾰족하던, 날카롭던, 단단하던, 우린 그것을 부드럽게 만들 수 있어야 합니다. 안 되면 흘려내면 됩니다. 흘리는 것도 부드러운 방법입니다.

어려움은 언제나 나타납니다. 우리가 성과를 내고 성장할수록 더 어려운 상황은 꼭 나타납니다. 그때도 부드러움을 항상 기억해야 합니다. 이 성장은 부드러움에서 시작했습니다.

힘을 과시하는 마음이 항상 우리를 시험합니다. 부딪히고 깨는 일이 자극적으로 느껴집니다. 그 유혹을 상대하는 일이 우리의 훈련입니다. 부수지 말고 부드러워야 합니다.

최선

지나친 노력은
부상을 부릅니다.

다치지 않는
최선이 필요합니다.

부상이 없어야
오래갑니다.

최선을 다하라는 말을 들으면, 부상을 쉽게 여기게 됩니다. 젊을 땐 모릅니다. 피로가 누적되고 크게 다치고 나서야 알게 됩니다. 정말로 중요한 최선은 다치지 않는 노력입니다.

몸과 마음의 노력도 같습니다. 다치지 않아야 합니다. 다치는 노력은 가장 좋을 수 없습니다. 삶이 길어서 그렇습니다. 준비가 덜 되었으면 잠시 빠질 줄도 알아야 합니다.

오래 사는 것만큼 건강하게 사는 일이 어렵습니다. 우리는 항상 성장해야 하고, 오르다 보면 경사가 급할 때가 있습니다. 높을수록 떨어질 때 크게 다치기도 합니다.

고지식하고 성실한 것만큼, 유연하고 부드러워야 합니다. 마음을 분리하는 것처럼, 품성도 다 가지고 있어야 합니다. 양쪽을 모두 할 수 있어야 합니다.

책임

권리는 달고
책임은 씁니다.

달고 쓴 맛이
우리 삶입니다.

쓴맛은
꼭 챙겨야 합니다.

좋은 것에는 싫은 것이 따라옵니다. 좋은 것만 챙기면 마음이 느슨해지고, 싫은 것만 챙기면 긴장이 심해집니다. 그래서 양쪽을 다 챙기려고 노력합니다.

그 둘을 함께 가져가는 일이 어렵습니다. 단맛에 취하면 이가 썩어서, 단맛에 쓴맛을 섞습니다. 떫은 느낌이 우릴 깨어나게 합니다. 그래서 쓴맛은 잃으면 안 됩니다.

즐거움은 보상되어야 합니다. 즐거움이 가득한 삶이 우릴 부패하게 합니다. 아무리 강한 사람도 즐거움에 긴 시간 깊게 취하고 나면 약해집니다.

책임은 언제나 쓰게 다가옵니다. 그 쓴맛이 우릴 부지런하게 합니다. 가끔 다치지 않게 단맛으로 부드럽게 합니다. 자극적이고 좋은 걸 조절하는 일이 어렵습니다.

만족

만족은
마음을 정돈합니다.

더 가도 좋고
멈춰도 좋습니다.

만족이 밑바탕에 있으면
진행이 부담이 없습니다.

욕심은 안개와 같아서 짙을수록 판단을 흐리게 합니다. 그래서 만족이 필요합니다. 만족은 가진 걸 지키게 하고, 욕심을 맑게 합니다. 만족으로 차분함을 얻어야 합니다.

비교는 만족을 흐리게 합니다. 우리 마음엔 절대적인 기준이 없어서 항상 상대적인 평가를 합니다. 약한 이를 보고 더 강한 걸 원할 수도 있고, 강한 이를 보고 부러워할 수도 있습니다.

우리 마음의 흙에 만족이 있어야 합니다. 더 얻어도 좋고, 멈춰도 좋습니다. 그 마음이 있어야 바탕을 잃지 않습니다. 흙을 잃은 식물은 더 자랄 수 없습니다.

충분해도 더 가지려는 마음이 도박과 닮았습니다. 쉽게 얻으려는 잘못된 판단을 유도하는 것도 도박과 비슷합니다. 끝없이 성장해도, 못 가질 상황을 인정해야 합니다.

배움

더 배우기 위해
마음을 항상 비워둡니다.

빈 공간에 들어온 배움을
잘 관찰하고 정돈합니다.

배움은 언제나
겸손해야 합니다.

우릴 가르치는 스승도 사람이어서, 마음이 불편하면 다 알려주지 않습니다. 우리 마음을 비우고 배우려는 태도를 겸손히 해야 잘 배울 수 있습니다. 배움은 비움에서 시작합니다.

아는 것이 생기면 다른 이의 앎을 깔보게 됩니다. 그 마음이 커지면 세상엔 스승이 없어지고 얕볼 대상만 가득해집니다. 그것이 오만의 시작입니다. 조심해야 합니다.

거만함을 멀리하는 일이 배움이라면, 겸손함으로 살아야 세상을 배울 수 있습니다. 배우는 일에도 마음의 건강이 필요합니다. 여러 마음이 섞여도 일부분엔 겸손함이 있어야 합니다.

겸손으로 마음을 비우고, 배운 것을 면밀하게 평가합니다. 배울 게 없다면 멀리하면 됩니다. 다 듣지도 않았는데 가르치려 들을 필요는 없습니다. 차분하게 하면 됩니다.

지키다

지키려고 하면
버리는 것이 생깁니다.

중요한 걸 지키면
가벼운 걸 놓칩니다.

골라야 합니다.
다 가질 순 없습니다.

큰 창고가 있어서 가지고 싶은 걸 다 가지고, 그만큼 유지하고 싶습니다. 마음과 현실에선 모두 지키기 위해 포기하는 것이 생깁니다. 하나를 지키면 다른 것에 소홀해집니다.

지키기 위해 잃게 되는 것이 없었으면 합니다. 강하게 집착하는 대상이 없어서 그걸 위해 다른 것들을 놓치는 일이 없으면 좋겠습니다. 중요하고 가벼운 것이 주관이어서 그렇습니다.

무언가를 지켜야 한다면, 그건 위태로운 상황입니다. 애정일 수도 있고, 돈일 수도 있습니다. 노출되고 위협받은 건 지키기 어렵습니다. 그래서 그걸 지키려면 다른 걸 놓치게 됩니다.

잃는 일은 슬프고, 가지는 일은 기쁩니다. 마음에 집착이 생기면 놓아야 할 것을 위해서 지킬 것을 잃게 됩니다. 항상 평온한 마음으로 가는 것과 오는 것을 맞이했으면 합니다.

순간

돌아볼 지금을 위해
마음을 다합니다.

돌아볼 수밖에 없어서
더 열심히 합니다.

돌아볼 추억을 위해
순간에 의미를 부여합니다.

지금은 지나면 돌아봐야 합니다. 되돌아갈 수 없어서 지난 것은 기억으로 추억해야 합니다. 찾아오는 순간들에 최선을 다합니다. 기쁘게 돌아보고 싶어서 그렇습니다.

과거는 다시 가져올 수 없어서 정해져 있고, 돌아보는 이의 주관이 개입하기 때문에 정해져 있지 않습니다. 억지로 꾸미는 일이 가능하지만, 바꿀 수 없는 부분이 있어서 잘하려고 합니다.

지금 열심히 합니다. 쉰다면 쉬는 것을 생생하게, 일한다면 일하는 모습을 생생하게 합니다. 그 감각으로 시간에 의미를 부여합니다. 길게 지속되지 않아도, 그 순간이 잔상을 남깁니다.

우린 지금 게을러지기 위해 미래에 숙제를 넘기는 일을 많이 합니다. 게으름이 어렵다면 느려지는 것도 좋습니다. 느리더라도 계속했으면 합니다. 그 모습도 돌아보게 될 겁니다.

감정

돌을 연못에 던지면
진흙이 올라옵니다.

가만히 두면 좋은데
자꾸 건드립니다.

진흙이 우리 사회입니다.
감정은 원래 복잡합니다.

감정은 연못 아래의 진흙과 닮았습니다. 놔두면 되는데 주변에서 항상 돌을 던집니다. 돌을 던지는 상황을 피하려면 아무도 없는 곳에서 살아야 합니다.

주변에서 자꾸 건드리니, 빨리 맑아지는 연습을 합니다. 맑음을 유지하기보다는, 탁해져도 빠르게 맑아집니다. 혼자서 살 수 없는 걸 받아들이고, 진흙을 얼른 가라앉히는 연습을 합니다.

마음을 맑게 하는 훈련을 하다 보면, 맑음을 유지하는 일이 어려운 걸 알게 됩니다. 끝없이 맑은 상태를 유지하고 싶지만, 주변에서 자꾸 돌을 던집니다.

던지는 돌을 못 던지게 하지 않습니다. 대신 돌을 잘 받아내는 연습을 합니다. 무엇이 들어오던 다시 맑아지면 됩니다. 주변을 바꾸지 말고 자신을 바꾸면 됩니다.

깊은 밤

고요한 시간이
더 조용해집니다.

잠을 잊은 밤에
소리 없는 알람을 듣습니다.

깊은 밤이 더 깊어지면
아침이 올 겁니다.

잠이 오지 않는 밤엔 공통된 결말이 있습니다. 기다리면 아침이 옵니다. 그 정해진 끝을 어떻게 보내는지가 밤을 보내는 일입니다. 고요한 밤이 깊어지면서 더 고요해집니다.

잠이 안 오면 자고 싶은데 깨어있는 이상한 기분을 경험합니다. 소리 없는 밤에 소리 없는 알람을 듣는 것처럼, 잠드는 일이 어렵습니다. 어둠 속에서 혼자 깨어있습니다.

잠이 안 오는 것은 그날의 컨디션입니다. 밤이 더 길어지면 아침이 올 것을 압니다. 그래서 편안히 누워있습니다. 모든 밤엔 아침이 찾아와서, 가만히 있어도 됩니다.

밤은 가끔 고난의 모습으로 찾아오기도 합니다. 우리가 겪는 모든 어려움은 아침처럼 끝납니다. 끝이 있는 고통이기에 절망하지 않습니다. 기다리던, 부딪히던, 아침은 올 겁니다.

물들다

여러 색을 물들이면
결국 같은 색이 됩니다.

빛은 흰색으로
물감은 검정으로 됩니다.

색의 결과가 정해져 있어서
과정에 집중합니다.

 환경과 습관은 사람을 물들게 합니다. 색의 완성이 검정과 흰색인 걸 알지만, 그 완성으로 가는 과정은 다채롭습니다. 그 중간의 색들을 예쁘게 경험하는 것이 중요합니다.

 개성으로 타고난 색도 경험이 쌓이고 다양함이 생기면 결국 검정이나 흰색이 됩니다. 정해진 색으로 가는 길을 너무 어렵지 않게 합니다. 기왕이면 헤매지 않는 색들을 조합합니다.

 결과가 같은 걸 알아도 좋은 것을 가까이합니다. 사는 과정이 생각 이상으로 생생하고 길어서, 너무 오래 걸리지 않게 합니다. 검정으로 가야 하는데 조합 없이 노랑만 섞는 것도 엉뚱합니다.

 개성이 완성되는 순간은 개성이 없어질 때입니다. 어느 상황에서도 자신을 유지할 수 있으려면, 반대로 자기 주관이 없어야 합니다. 그 유연함에는 색이 없습니다. 그래서 검정, 혹은 흰색입니다.

채우다

모난 부분을 깎고
부족한 부분을 채웁니다.

딱 맞추고 싶은데
그게 어렵습니다.

마음의 이상향을 바꿔봅니다.
산이나 바다로 해봅니다.

눈에 띄려면 보석이 되어야 합니다. 작고 세밀하고 빛나기 위해선 다듬는 과정이 필요합니다. 그래서 자신을 단련합니다. 보기 나쁜 부분은 덜어내고, 아쉬운 부분은 더합니다.

세공하는 과정을 경험하면 그게 어려운 걸 알게 됩니다. 우리의 몸과 마음이 정해져 있지 않고, 세월에 따라 변해서 그렇습니다. 더하고 빼는 일을 반복하다가, 방향을 바꿉니다.

추구하는 대상을 바꾸면 좀 더 빨리 갈 수 있습니다. 세월에 맞춰서 자신을 더하고 빼기보다는, 더하기만 하는 것도 좋습니다. 바다가 강물을 더하고, 산이 나무를 더하는 방식입니다.

세밀하고 빛나는 일에도 완성이 있어서, 그 끝에 다다르는 것이 어렵습니다. 세공의 어려움은 깎는 것에 있어서, 잘못 깎으면 버려야 합니다. 그래서 자연이 좋습니다. 더하기만 하면 됩니다.

쓸모없는

목적을 다하니
버리게 됩니다.

애정이 있다면
장식품이 됩니다.

마음이 중요합니다.
실용성도 주관입니다.

가까이하던 것도 시간이 지나면 멀어지게 됩니다. 안 찾게 되고 불필요하게 됩니다. 그 대상의 목적이 끝난 건데, 이런저런 아쉬움이 남아도 결국 버리게 됩니다.

버릴 때 아쉬움이 남으면 그 대상은 장식품이 됩니다. 어딘가에 진열되어서 추억을 회상할 때 도움을 주게 됩니다. 쓸모는 우리 주관에 달려있습니다. 좋으면 의미가 생깁니다.

우리 마음에도 쓸모있는 것과 없는 것이 섞여 있습니다. 그 판단에 주관이 있어서 급하게 버리면 안 됩니다. 애정을 가지고 천천히 해야 합니다. 버리는 일을 반복하면 안 됩니다.

무언가를 강하게 미워하면, 그 대상을 쓸모없다고 여기게 됩니다. 너무 많이 쥐고 있는 건 분명 불편합니다. 불편하면 정리해야 하지만, 그 판단이 미워함에서 시작된 게 아닌지 봐야 합니다.

4°

후회를 마주하는 시와 글

물결

물의 흘러감을 보며
과거를 공부합니다.

흘러간 물은
잡을 수 없습니다.

물결이 아름답습니다.
물결에 취합니다.

물은 모양이 없고 투명해서, 그 아름다움에 쉽게 취하게 됩니다. 그 찰랑임과 빛의 반사를 보고 있으면, 물이 흐르는 걸 잊게 됩니다. 아름다움에 빠져서 현실에 무뎌집니다.

변화와 화려함은 사람을 취하게 합니다. 취하면 시간의 흐름에 무뎌집니다. 물결이 위아래로 흔들리는 것처럼 보이듯이, 흘러가는 모습이 안 보이게 됩니다.

즐거움이 있어야 세상을 사는데, 즐거움에 빠지면 살 수 없습니다. 없으면 살 수 없고, 넘쳐도 살 수 없는 모습이 물과 닮았습니다. 깊지도 얕지도 않아야 합니다.

균형을 맞추는 일이 항상 어렵습니다. 깊게 빠져서 놀아도 다시 돌아와야 합니다. 물결을 보며 그 공부를 합니다. 그 자극을 다 즐기지만, 돌아올 준비는 항상 해야 합니다.

속이다

상대가 잘 보여서
살짝 속여봅니다.

상대도 우릴 잘 본 거라,
모른 척 속아줍니다.

거울처럼 알아봅니다.
속이면 걸립니다.

가장 좋은 속임수는 알면서도 속게 만드는 겁니다. 우리가 상대를 잘 파악하면, 상대도 우리를 잘 파악하고 있습니다. 상대를 잘 속이려면 관찰을 오래 해야 하는데, 그러면 상대가 압니다.

허점은 신뢰 관계에서 드러나는 경우가 많습니다. 선천적으로 허술한 사람도 있지만, 믿기 때문에 약점을 보여줄 때도 있습니다. 이걸 자기 능력으로 여기고 속이면 안 됩니다.

신뢰는 진행을 빠르게 합니다. 조직을 단단하게 하고 어려운 일을 쉽게 할 수 있게 합니다. 속이는 건 다른 말로 배신이 되기도 합니다. 작은 건 괜찮지만, 큰 건 관계를 깨뜨립니다.

속이는 장난이 커지면 배신이 됩니다. 우리가 발견한 약점은 신뢰로 얻은 정보입니다. 가벼운 장난은 괜찮지만, 조심해야 합니다. 배신은 관계를 깨뜨립니다.

성장

나이가 들수록
배움이 두렵습니다.

경험이 쌓일수록
노화를 경험합니다.

성장을 멈추고
세월을 붙잡고 싶습니다.

마음은 계속 젊은데 몸은 그렇지 않습니다. 몸은 성장이 끝난 후부터 계속 늙어갑니다. 시간을 통해서 자연히 늙는 걸 알아도, 시간을 천천히 감고서 그만 늙고 싶다는 생각도 듭니다.

배우고 경험하면 시간이 빠르게 흐릅니다. 강한 집중과 에너지가 시간을 잊게 합니다. 그렇게 경험하면 노화에 무뎌집니다. 마음은 계속 성장하고, 몸은 계속 늙어갑니다.

가끔은 성장을 멈추고 시간을 천천히 보내고 싶어집니다. 은퇴한 노인처럼, 아무것도 안 하고 느긋하게 시간을 보내고 싶어집니다. 그 마음이 우릴 게으르게 하더라도, 늙는 것이 무섭습니다.

시간이 모두에게 공평해서 성장을 거부할 수 없습니다. 게을러지면 큰 고난을 만나게 됩니다. 배우는 공부가 시간을 빨리 감아도, 계속 배우고 나아가야 합니다.

버리다

깊게 패인 구멍을 보며
아쉬운 마음을 남깁니다.

마음에 가득 쥔 미련을
그 자리에 두고 옵니다.

잠시 두고 왔지만
그대로 둘 것 같습니다.

 미련이 많을수록 버릴 때 마음이 아픕니다. 버려야 할 대상에 감정과 집착이 가득 붙어있어서 그렇습니다. 항상 아쉽습니다. 그래서 버리지 않고, 잠시 두고 옵니다.

 마음을 조정할 수 없을 때는 객관적인 판단으로 잠시 움직입니다. 버리거나 외면하는 게 아니라, 잠깐 해보기로 합니다. 그렇게 약간의 시간이 생기면, 다시 이성적으로 돌아옵니다.

 아쉬워하고 아파하는 건 모두 똑같습니다. 우리가 생각하는 대단한 사람들도 그들의 시선에서 아쉬운 것들이 있습니다. 원리는 항상 같습니다. 작은 것부터 하나씩 해보는 겁니다.

 마음에 감정이 있어야 열정과 의욕을 내는데, 때로는 기계처럼 냉정해야 합니다. 이 감정과 이성 사이의 움직임이 참 어렵습니다. 몸과 마음의 건강을 추구하고, 아플 때 미련을 버렸으면 합니다.

아프다

아픈 걸 싫어하는데
아픔을 피할 수 없습니다.

피할 방법이 없어서
아파야 할 때가 있습니다.

적응할 수 없는 아픔은
안 아픈 척해봅니다.

상처가 나면 아픕니다. 단련된 곳은 상처가 없는데, 여린 곳은 다치면 상처가 나고 아픕니다. 완벽할 수 없어서 종종 상처받습니다. 피하고 싶어도 피할 수 없습니다.

적응할 수 없는 통증을 어떻게 할지 궁리합니다. 시간이 지나면 나을 상처를 어떻게 할지 고민합니다. 안 아픈 척하기로 합니다. 마음의 상처니까 기운을 내서 얼른 낫기로 합니다.

현실을 살아서 생생하게 느낍니다. 그리고 지나면 과거가 됩니다. 몸과 마음이 아픈 것은 얼른 과거로 만들고 싶습니다. 시간을 빨리 보내기 위해 더 집중하고 힘을 냅니다.

아픔은 모두에게 똑같습니다. 그래서 시간을 통해 고통을 이겨냅니다. 평생 아프진 않을 겁니다. 마주하고 노력해서 지난 과거로 만들려고 합니다. 나을 겁니다.

하늘

마음을 가볍게 하려고
하늘을 쳐다봅니다.

어떤 날은 구름이 있고
다른 날은 맑습니다.

마음과 비교해봅니다.
좋은 날을 기다립니다.

올려다본 하늘엔 순서가 있습니다. 맑으면 흐리고, 흐리면 맑아집니다. 하늘을 가린 구름을 보며, 답답한 마음을 위로받습니다. 저 구름은 흘러가고, 하늘은 트일 겁니다.

자연엔 순서가 있어서 고정되지 않습니다. 계속 흘러가고 변합니다. 힘들 땐 자연을 보며 변화를 공부합니다. 꽉 막힌 것 같아도 자연히 흘러갈 겁니다.

우린 항상 좋은 날을 기다립니다. 언제나 좋았으면 합니다. 좋은 인생에도 더 좋은 날과 덜 좋은 날이 있습니다. 그래서 비교합니다. 나쁜 날에도 더 나쁜 날과 덜 나쁜 날이 있을 겁니다.

하늘을 보며 오늘은 뭐가 있나 봅니다. 구름의 색도 하얗다가 검어지는데, 우리 마음도 그러겠거니 합니다. 우리 마음이 좋아지길 바랍니다. 마음에도 하늘이 있나 봅니다.

중심

안정된 모습이 좋습니다.
불안함을 바꿔봅니다.

흔들림을 정돈하고
마음을 잘 잡습니다.

바람이 불 수도 있지만
중심을 잡으려 노력합니다.

넘실거리는 바다를 항해하는 배처럼, 중심이 잡혀있으면 넘어지지 않습니다. 불안함 속에서 안정을 찾는 배처럼, 보기엔 불안해도 실제론 안정되었으면 합니다.

파도가 없는 배는 안정적입니다. 배는 파도를 만날 때마다 중심을 잡습니다. 바람이 우릴 흔들어도, 혹은 파도가 우릴 흔들어도 중심을 잘 잡으면 됩니다.

자연을 보고 삶을 배우는 일이 오래 걸립니다. 기술을 익히는 일처럼 배우는 것보다 적용하는 일이 더 오래 걸립니다. 삶에 중심이 있어야 합니다. 그러면 과정은 모두 연습이 됩니다.

삶의 중심은 건강입니다. 건강을 잃는 흔들림에는 꼭 중심을 잡아야 합니다. 몸을 다치면 안 되는 것처럼, 마음도 다치지 않게 해야 합니다. 몸과 마음의 중심을 잘 잡아야 합니다.

빗방울

비가 바닥과 부딪히며
소리를 만듭니다.

눈에 담지 못한 빗방울이
귀로 들립니다.

빗방울이 리듬을 만듭니다.
비의 소리가 보입니다.

내리는 비를 보며 생각에 잠깁니다. 빗물을 다 보진 못해도, 귀로 듣습니다. 귀로 듣는 비를 보며 배움을 얻습니다. 눈으로 못 본 것들은 귀로 들으면 됩니다.

정확하지 않은 것이 우릴 피곤하게 합니다. 모든 빗방울을 눈으로 인식하지 못하는 것처럼, 그걸 다 보려고 하면 눈이 아픕니다. 그래서 다른 방법을 씁니다. 귀로 듣습니다.

어렵고 힘든 일에는 항상 지름길을 찾습니다. 반칙이 아닌 빠른 방법을 고민합니다. 한 방법으로 안 되는 일은 여러 방법이 필요합니다. 한 가지를 너무 강조하면 안 됩니다.

정직한 편법을 고민합니다. 고지식하지 않은 유연한 방법을 생각합니다. 어려운 일에 너무 많은 시간을 뺏기지 않으려고 연구합니다. 누가 봐도 합리적인 쉬운 길을 찾을 겁니다.

발걸음

걸음에 마음을 담습니다.
걸으며 마음을 정돈합니다.

걷는 움직임과 흐름에
마음을 표현해봅니다.

걷은 모습이 마음이 됩니다.
느긋하고 차분합니다.

기분이 행동이 되는 것처럼, 행동이 기분이 되기도 합니다. 그래서 몇몇 행동을 습관으로 만듭니다. 마음이 충동적이어도 행동은 안정적으로 하는 습관을 만듭니다.

걷는 동작이 가장 쉬워서 걸으며 마음공부를 합니다. 마음을 걸음으로 표현해보기도 하고, 걸음으로 마음을 바꿔보기도 합니다. 느긋하고 차분하게 합니다.

행동이 기분이 되도록 연습하면 좋은 습관을 만들 수 있습니다. 화내지 않는 습관, 충동적으로 실수하지 않는 습관을 만듭니다. 그 연습으로 우린 더 유연해집니다.

가장 쉬운 걸 통해서 가장 어려운 걸 합니다. 걷는 연습으로 마음을 공부합니다. 몸과 마음이 하나여서 건강이 중요합니다. 걷는 걸음마다 건강했으면 합니다.

티 내다

직선으로 말하면 오해할까
둥글게 티를 냅니다.

뾰족하지 않게
불편하지 않게 합니다.

슬쩍 티를 냅니다.
알아줬으면 합니다.

 강하게 말하는 건 쉽습니다. 남을 배려하지 않으면 됩니다. 둥글게 말하는 게 어렵습니다. 못 알아들으면 반복해서 말하고 강하게 말해야 하지만, 대부분의 경우에선 그러면 안 됩니다.

 말은 소통이어서 듣는 이가 있습니다. 우리가 스스로 막말하지 않고 존중하는 것처럼, 다른 이도 그렇게 대해야 합니다. 날카롭게 찌르면 안 됩니다. 그건 예의가 없는 겁니다.

 알아서 해주길 바라며 슬쩍 말합니다. 살짝 티만 나게 이야기합니다. 말하는 사람도 불편하니, 듣는 사람이 잘 알았으면 합니다. 화를 담지 않는 이해심이 효과가 있으면 합니다.

 우리 말을 남에게 전하기 위해 세심함이 필요합니다. 번거로울 수 있지만 해야 합니다. 안 하면 나중에 폭탄이 날아올 수 있습니다. 부드럽게 말해야 합니다.

바꾸다

치장을 바꿔 봅니다.
기분을 내려고 꾸밉니다.

바뀐 기분으로 하루를 바꿉니다.
오늘의 기분은 멋입니다.

꾸민 모습처럼 바꾸고 싶습니다.
좋게 나아지고 싶습니다.

 마음을 다루는 연습을 충분히 해도 효과가 없을 때가 있습니다. 익숙하고 지루해지면 효과가 줄어듭니다. 마땅히 생각나는 방법이 없어서 외모를 꾸며봅니다.

 바뀐 외모를 거울로 보며, 기분도 외모를 따라 해 봅니다. 마음을 이리저리 꾸몄다고 생각하고, 기운을 냅니다. 기분에 이름도 붙여줍니다. 이 날의 기분은 '멋'입니다.

 우리 마음을 알아가는 일이 평생 걸리는 일이어서, 정해진 방법이 없습니다. 상황에 따라 계속 방법이 바뀌고, 그 방법을 얼른 찾기 위해 평소에 노력해야 합니다.

 멋있는 외모가 기분을 냈으면 합니다. 알고 있는 방법이 다 안될 때, 이 방법이 효과가 있었으면 합니다. 멋있습니다. 그래서 그날 하루도 멋질 겁니다.

느끼다

지금을 느껴 봅니다.
맥박이 뜁니다.

일상이라 몰랐던 것들로
변화를 줍니다.

당연한 것도 새로워집니다.
삶을 느껴봅니다.

심장이 뛰는 것처럼, 필요하지만 당연한 것들이 있습니다. 억지로 인식할 필요는 없지만, 가끔 느껴 봅니다. 맥박이 뛰는 감각, 심장이 뛰는 기분을 신경 써 봅니다.

신경 쓰지 않은 일상을 바라보며, 마음에 변화를 줍니다. 그 변화로 마음에 쉼을 줍니다. 어떤 동작이나 시간, 노력이 필요하지 않습니다. 맥박은 항상 잊으니, 언제나 새롭습니다.

잊고 있던 것을 불러와서 새롭게 합니다. 항상 새로운 걸 찾기 어려워서, 잊은 것들로 새로움을 느낍니다. 빠르고 간편합니다. 그 변화로 마음을 정돈합니다.

기초는 항상 같습니다. 변화를 주면 새롭다고 느끼고, 그 새로움으로 생생해집니다. 살아있다는 감각으로 잠든 감각을 깨웁니다. 예민한 집중에 휴식을 주는 요령입니다.

공허함

외로움에 의미를 만듭니다.
고독함을 공허하다고 합니다.

자신과 친해지기 위해
마음을 공허하게 합니다.

고독해야 자신을 압니다.
마음은 원래 비어있습니다.

우리가 마음을 배우기 위해 쉽게 하는 훈련이 명상입니다. 아무것도 안 하는 연습입니다. 아무것도 안 하는데, 마음을 알아가고 있습니다. 마음은 원래 아무것도 없습니다.

비어있는 걸 알아야 새로 채웁니다. 비어있는 마음에 생각이나 상상을 불러옵니다. 자연도 마음에 담고, 감정도 담아 봅니다. 그렇게 해야 마음에 감정이 일어납니다.

담을 수 있어서 마음을 알 수 있습니다. 무엇이든 담을 수 있어서, 우리가 담고자 하는 걸 압니다. 마음은 원래 비어있고, 그 마음에 담고자 하는 우리 의도로 자신을 알아갑니다.

마음공부는 비워야 합니다. 비우고 채우는 과정을 관찰하며 자신을 공부합니다. 고독하고 외로운 건 마음의 본래 모습입니다. 그리고 그걸 채우는 것이 우리 모습입니다.

도시

생활이 바쁘면
마음공부가 어렵습니다.

지속되는 분주함에
도시를 떠나고 싶습니다.

떠나지 않고 적응합니다.
중요한 건 마음입니다.

사람 사이에서 살아야 하는 걸 알아도, 떠나고 싶을 때가 있습니다. 너무 바쁘면 내 모습을 잊게 됩니다. 그 망각을 다시 기억하려고 도시를 떠나고 싶어집니다.

자연을 참는 마음은 잠시의 여행으로 충분합니다. 우리의 연습은 비워내는 연습입니다. 비운 상태를 유지하는 것으로는 연습이 안 됩니다. 복잡해지면, 다시 단순하게 하면 됩니다.

도시에 살며 마음에 자연을 담습니다. 도시가 주는 복잡한 경험과 감정들을 비워내고, 그 마음에 다시 자연을 담아봅니다. 그 연습으로 공부합니다. 도시의 명상입니다.

피하고 떠나는 걸 주의해야 합니다. 이걸 계속 인지하려면 스승이 있어야 합니다. 스스로 아는 일이 어려워서 그렇습니다. 분주함을 비워내고, 차분함을 담으면 됩니다. 반복하면 됩니다.

영원하다

우리 삶이 짧아서
영원을 찾습니다.

건강에 의미를 주고
세상의 건강을 기도합니다.

이 건강이 전승되어서
영원한 앎을 느끼고 싶습니다.

 나이가 들면 시간이 빨리 흐르고 남은 시간을 짧다고 느낍니다. 이걸 피하려고 영원한 것을 찾게 됩니다. 단순하게는 철학과 종교입니다. 이 조급함을 해결하는 노력을 시작합니다.

 영원함을 추구하는 마음도 조급함일 수 있습니다. 큰마음으로 변하지 않는 대상을 찾습니다. 처음엔 밖에서 찾다가 점점 자신으로 돌아옵니다. 영적인 마음도 우리 안에서 찾아야 합니다.

 나이에 맞는 몸의 건강이 있듯이, 나이에 맞는 마음의 건강도 있습니다. 이 마음이 나이 들어도 계속 건강하길 바랍니다. 그리고 다른 이들도 이런 마음이길 바랍니다.

 늙어가는 삶에 조급함을 내려놓아야 합니다. 바꿀 수 없는 것을 인정하고, 좋은 걸 다른 이와 나눠야 합니다. 우리의 삶이 모두, 언제나 건강했으면 합니다.

골목

좁은 길과 가로등이 있는
골목을 걸어갑니다.

사람이 없어서 조용하고
무섭기도 합니다.

찾는 사람이 많아져서
골목이 밝아졌으면 합니다.

어둡거나 좁은 공간에서는 무서운 상상을 하게 됩니다. 등 뒤가 불안하기도 하고, 지나가는 사람이 보이면 무섭기도 합니다. 안 보이고 조용한 공간은 무섭습니다.

 위험할 때 도와줄 사람이 없는 상황이 무섭습니다. 밝은 길로 가려고 노력해도 가끔 어두운 골목을 지나야 합니다. 이 골목에 사람이 많으면 나을 것 같습니다.

 사람들 마음에 여유와 에너지가 많아서 어두운 곳을 찾고 밝게 했으면 합니다. 소외되고 위험한 공간이 줄어들었으면 합니다. 어딜 가도 안전했으면 합니다.

 마음에도 골목이 있어서, 숨기고 싶거나 어두운 부분이 있습니다. 어렵고 힘들어서 외면하고 싶지만, 밝히고 관심을 가지려 노력해야 합니다. 자주 찾으면 밝아집니다.

카멜레온

주변에 녹아들어서
자신을 보호합니다.

발이 빠르지도
힘이 좋지도 않습니다.

잘 파악하고 적응합니다.
티 나지 않고 자연스럽습니다.

사람마다 잘하는 점이 있습니다. 외모의 장점이 쉽게 눈에 띄어서, 그 부분을 드러내기도 하고, 봤을 때 부럽기도 합니다. 가끔 파악을 잘하는 사람도 있습니다.

외적인 장점이 없어도 내적인 장점이 있을 수 있습니다. 티 나지 않는 장점입니다. 주변을 잘 파악하고, 눈에 띄지 않아서 항상 잘 적응하는 것도 장점입니다.

제일 안전한 작전은 드러나지 않는 겁니다. 눈에 띄면 부러움과 질투받습니다. 보이면 평가하고 공격하니, 안 보이는 것도 능력이고 장점입니다.

어린 물고기가 큰 물고기가 되기 위해 첫 번째로 필요한 건 위험을 피하는 일입니다. 충분한 능력이 생기기 전엔 자신을 잘 숨겨야 합니다. 눈에 띄지 않는 것도 능력입니다.

고양이

생각날 때 가끔
슬쩍 나타납니다.

관심을 끌어도 보고
감정도 건드려 봅니다.

달라붙진 않습니다.
마음만 가깝습니다.

 고양이는 자기 위주로 좋아합니다. 너무 가까운 건 싫고, 너무 멀어도 안 됩니다. 자기가 정한 거리에서 관찰하고 머물면서 좋아합니다. 표현을 안 해도 주장이 강합니다.

 먼 듯 가까운 관계도 좋습니다. 가까우면 감추던 부분을 보게 됩니다. 그걸 다 보고 이해하는 일이 어려우면 거리를 둬도 좋습니다. 좋아하기 위해 다 알 필요는 없습니다.

 안 보여주는 대신 안 보는 겁니다. 우리 결점을 적당히 숨기고, 상대의 약점도 숨길 수 있게 합니다. 개인주의적인 배려가 서로의 상처를 줄입니다.

 어른이 되는 과정에서 가면을 쓰게 됩니다. 그 안을 다 보여주고 싶고, 다 보고 싶어도 기다려야 합니다. 시간이 지나면 자연히 알게 되니, 거리를 유지해도 좋습니다.

숨

모를 땐 당연했는데
정의하려 하면 어렵습니다.

숨 쉬는 일도 어려우니
다른 것도 그럴 겁니다.

정확히 정의하기 어려워서
연습으로 익힙니다.

자연히 터득한 것은 머리로 정의하려 하면 어렵습니다. 고민하고 애써서 하기보다는 계속 반복하고 연습해보면 됩니다. 변화를 주기도 하고, 반복하기도 하며 익히면 알게 됩니다.

당연한 것들이 정의하기 어렵습니다. 숨 쉬는 일도 그렇고, 살아있는 것, 늙는 것도 정의가 어렵습니다. 머리도 당장 이해가 안 되는 것에 시간을 너무 많이 쓸 필요는 없습니다.

정의하기 어려운 것은 몸으로 익혀야 합니다. 건강을 정의하는 일도 어려워서, 건강하게 살면 건강을 이해하게 됩니다. 늙음을 정의하기 어렵다면, 늙고 나서 알게 됩니다.

무언가를 정확히 알기 위해 시간을 많이 보냅니다. 자연스러운 건 자연히 두면 됩니다. 바다의 물을 아는 일, 산의 흙을 아는 일과 같습니다. 바다를 보고, 산을 오르면 될 일입니다.

쟁취

노력해서 얻는 일이
경쟁이 되기도 합니다.

포기하기엔 중요해서
결과까지 가 봅니다.

피하지 않는 일이
배움이 됩니다.

 정직하게 노력하고 그만큼 얻으면 좋은데, 정해진 걸 나눠야 합니다. 그러면 노력이 경쟁으로 변합니다. 잃거나 포기하면 안 돼서 끝까지 가 봅니다. 그 자체로 배움이 되기도 합니다.

 노력하는 성실함이 경쟁과 섞이면 마음이 탁해집니다. 내가 더 나아지는 것보다 상대가 실수하는 일이 더 편해서 그렇습니다. 반대로 노력을 부정당하는 일이 생기기도 합니다.

 변수가 많아지면 두렵습니다. 공격받고 상처받는 걸 두려워하는 마음입니다. 매번 피할 수 없으니 부딪히는 연습도 해야 합니다. 항상 지진 않을 거라서, 나름의 요령을 배웁니다.

 남을 깎아내리는 경쟁이 위험합니다. 눈치 싸움이 되고 사람이 작아집니다. 상대가 그렇게 한다면 적절히 방어할 줄 알아야 합니다. 그래서 결국엔 실전을 경험해야 합니다.

갈증

고난은 갈증과 같아서
건강할 땐 쉽습니다.

어려운 상황을 잘 해내려고
건강을 잘 챙깁니다.

몸과 마음이 여유로워서
조급하지 않습니다.

 어려운 일은 힘들 때 옵니다. 힘 있고 자신 있을 때 상황이 쉽습니다. 힘들고 괴로울 때는 작은 일도 크게 느껴집니다. 그래서 좋은 상태를 유지하려고 노력합니다.

 몸이 아플 때 예민해지고, 기분이 안 좋을 때 작은 일에도 쉽게 짜증을 냅니다. 작은 일에 크게 반응하지 않으려고 건강을 잘 관리합니다. 우리가 강할 땐 세상이 쉽습니다.

 삶에 여유를 많이 가지려고 노력합니다. 동작이 빨라지고 실수가 많은 상황을 조심합니다. 어려운 일을 잘 이겨내고 쉬운 일은 쉽게 하려고 평소에 잘 관리합니다.

 목이 마른 갈증처럼, 물 한 모금이 급해질 때가 옵니다. 준비를 잘해도 어려운 상황은 옵니다. 그때는 평소의 노력으로 차이가 납니다. 넓은 마음을 위해 건강을 잘 챙깁니다.

의지하다

이유 없이 찾아오는 공허함에
마음을 의지해 봅니다.

시행착오를 겪으며
마음이 단단해집니다.

의지하는 여행은
마음의 여행이 됩니다.

어딘가 의지하려고 시도하면, 기대와 실망을 반복합니다. 믿을 만해서 기대했는데 실망하고, 의지할 데가 없어서 다시 기대합니다. 이 과정을 통해 의지할 대상이 없는 걸 배웁니다.

어떤 대상에게 상처를 많이 받고 나면, 쉽게 해결하려고 한 우리 모습을 알게 됩니다. 그 배움으로 마음공부가 됩니다. 우리가 의지할 수 있는 대상은 우리입니다.

의지할 곳이 없는데 의지하려고 하니 계속 시행착오를 합니다. 그 과정으로 배우는 건 의지하지 않아도 살 만한 겁니다. 우리 마음이 생각보다 강해서 상처받아도 잘 삽니다.

의존은 경험으로 배워야 합니다. 그래야 속지 않고 구분합니다. 필요한 만큼만 의지하고, 나머지는 스스로 합니다. 미리 알면 좋지만, 대부분 경험해야 압니다. 다 그렇습니다.

추위

추운 날씨에
몸을 따듯하게 합니다.

마음이 추울 때도
마음을 따듯하게 합니다.

추위를 멀리합니다.
따듯함을 가까이합니다.

 더위와 따듯한 것이 다르고, 시원함과 추운 것이 다릅니다. 같은 온도여도 느끼는 것이 다릅니다. 추운 날엔 따듯함이 필요합니다. 추운 사람에게 시원함을 이야기하면 안 됩니다.

 몸이 좋아하는 것과 마음이 좋아하는 것이 같습니다. 그래서 몸의 반응으로 마음을 압니다. 몸은 아프거나 불편한 걸 싫어합니다. 누군가와 소통할 때도 같습니다.

 상대가 아파하는데 독한 말을 하면 안 됩니다. 그 아픔도 다 비워주고 맞는 말을 해야 합니다. 아픔이 가득 찬 마음에 찬 마음을 부으며 객관성을 강조하면 안 됩니다.

 추울 때 찬 것을 멀리하는 건 쉬운데, 아플 때 위로하는 일은 어렵습니다. 아플 땐 따듯함이 필요합니다. 기다리고 들어야 합니다. 아픔을 비워내면, 어떻게 하냐고 물어볼 겁니다.

부자

많이 벌고 쓰고 싶은데
세상이 냉정합니다.

부자는 여유로워 보입니다.
부유함이 부럽습니다.

마음도 부자면 좋겠습니다.
여유를 나눴으면 좋겠습니다.

 부자를 대하는 좋은 마음은 질투하지 않는 겁니다. 들으면 비교되고 불편하지만, 그 나름의 어려움을 인정해야 합니다. 부자랑 다퉈서 돈 되는 일은 안 생깁니다.

 부러움이 솔직한 마음이어서 억지로 감추기 어렵습니다. 그 마음을 인정해주면 솔직한 마음 다음에 해야 하는 마음이 나옵니다. 부자와 친해지는 것이 유리해서, 부자에게 잘해줍니다.

 부자의 부유함이 여유로움이 되었으면 좋겠습니다. 우리 어려움도 도와주고 사회에 좋은 일도 많이 했으면 합니다. 억지로 기대할 필요는 없지만, 미워하지 않으려고 합니다.

 언젠가 부자가 되는 날을 상상하며, 부자를 보면 잘해줍니다. 부자도 우릴 잘해줬으면 합니다. 서로 위치가 바뀔 수도 있으니 서로 잘 지냈으면 좋겠습니다.

기도

사는 게 쉬울 땐
기도하지 않습니다.

어렵고 힘들어야
숙이고 기도합니다.

건강해야 합니다.
힘들면 기도해야 합니다.

어려울 때 기도하는 모습은 힘들 때 고개 숙이는 모습과 같습니다. 평소에 많이 숙이면 불편하지 않은데, 어렵고 힘들 땐 숙이는 일이 참 어렵습니다.

어디 가서 부탁하기 어려우니 신께 기도합니다. 이 간절함을 누군가 알아주길 바라며 기도합니다. 그래서 기도할 일이 없으면 좋겠습니다. 항상 잘 됐으면 좋겠습니다.

잘 사는 일과 건강하게 사는 일이 어렵습니다. 그 어려움으로 신을 찾습니다. 신께서 기도를 들어준다면, 구체적인 무언가보다 잘 살고 건강하게 해줬으면 합니다.

건강하게 잘 살고 싶어서 기도합니다. 급할 때 하면 모양이 안 좋으니 평소에 미리 합니다. 건강하게 잘 살고 싶습니다. 미리 기도하고 있으니 건강하게 잘 살 겁니다.

보편적인

쉬운데 유익하기 어려워서
보편적인 게 유행합니다.

대중을 향한 마음이
보편적인 결과를 만듭니다.

타인을 위하는 마음이
나를 위하는 마음이 됩니다.

 진리는 단순하다는 표현을 많이 봅니다. 좋은 건 쉬워야 합니다. 보편성을 갖는 일이 어렵습니다. 그래서 사람들은 쉽고 좋은 건 빠르게 전파하고 공유합니다.

 사람들을 유익하게 하려는 마음이 유행을 만듭니다. 유행의 시작을 잊을 수도 있지만, 널리 이롭게 하는 마음이 자신에게도 도움이 됩니다. 대중은 기억해 줄 겁니다.

 시작은 어색할 수 있습니다. 유명해지려고, 부자가 되려고 유행을 만들 수도 있습니다. 사람들은 쉽고 좋아야 공감합니다. 결국 인기를 얻는 일은 남을 이롭게 한 겁니다.

 내가 잘되려고 하던 노력이 결국엔 모두를 잘되게 합니다. 모두가 이런 마음으로 살면 더 좋습니다. 어렵고 고난이 있겠지만, 멋진 마음입니다. 성공하려면 남도 잘돼야 합니다.

실천

마음의 지식을
세상에 실천합니다.

사회는 가능한 걸 구분합니다.
통하는 것들만 남습니다.

해봐야 정확합니다.
안 되는 건 안 통합니다.

이론으로 가득 무장해도 결과를 봐야 합니다. 안 되는 일로 고민만 잔뜩 하며 시간을 보내는 건 안 좋습니다. 실천해보고 반응을 봐야 합니다. 그래야 진행이 빠릅니다.

좋은 이론의 약점입니다. 생각은 행동으로 나오고 평가받아야 합니다. 우리 안의 좋은 것들이 세상과 섞여 봐야 정확합니다. 평가받지 않은 것을 너무 오래 품고 있으면 안 됩니다.

결국엔 실전입니다. 이론과 기술이 없어도 실전에서 강하면 그 상황에선 그게 맞습니다. 반대로 이론과 기술이 많아도 사회에서 안 통하면 그건 고쳐야 합니다.

실천과 실전이 항상 어렵습니다. 부딪혀보고 섞어보는 용기가 필요합니다. 자기만의 울타리를 만들고, 그 안에서만 노는 건 위험합니다. 우리 마음도 멈추면 고이게 됩니다.

잠들다

예민하고 힘든 날도
잠은 꼭 잡니다.

자면서 회복합니다.
쉬면서 힘을 얻습니다.

다시 아침을 맞이합니다.
오늘도 잘해봅니다.

힘든 하루를 보내고 나면 자는 게 두렵습니다. 분명히 피곤한데 자고 싶지 않습니다. 그래도 잘 자야 합니다. 스트레스를 해소하는 것보다 회복하는 일이 중요합니다.

잠으로 회복합니다. 가장 오래된 휴식 방법입니다. 낮잠보다 밤에 자는 게 더 효과가 좋습니다. 힘든 날엔 더 잘 자야 합니다. 우선 자고 아침을 맞이해야 합니다.

잠을 잘 잔 날의 아침은 좋습니다. 잠과 건강이 친해서 그렇습니다. 잘 자면 몸이 건강합니다. 오늘의 피로를 잘 풀고, 내일 일할 힘을 얻으려고 잘 잡니다.

늦게 자는 일이 많습니다. 짜증도 풀어야 하고, 감정도 내려놓는 시간이 필요합니다. 잘 자야 건강한 걸 알아도, 잘 시간이 되면 어렵습니다. 그래도 잘 자려고 노력합니다.

변명

인정하기엔 상처가 되어서
애매하게 변명합니다.

다음엔 잘할 거지만
지금은 민망합니다.

나름의 방어로 변명합니다.
인정하고 있습니다.

사람이라 꼭 실수합니다. 자주 하는 사람도 있고 덜 하는 사람도 있지만, 안 하는 사람은 없습니다. 누구나 실수하고, 변명하는 상황이 있습니다. 알아도 민망한 순간입니다.

우리의 실수를 우리가 제일 잘 알고 있습니다. 그래서 인정하고 사과하기가 민망합니다. 다음엔 기억하고 잘할 건데, 민망해서 변명합니다. 나쁜 의도는 없습니다.

너무 낮은 자세를 보이는 것이 우리 마음에 상처가 돼서 변명합니다. 핑계는 아니고 인정도 아닌 애매한 답변을 합니다. 알면서도 숙이기는 어려워서 변명합니다.

변명해도 됩니다. 잘 기억했다가 다음에 잘하면 됩니다. 너무 물고 늘어지는 상대가 나쁜 겁니다. 반복하지 않고, 다음에 개선하면 됩니다. 다음엔 변명할 일이 없어야 합니다.

경계

정해진 규칙을 보며
넘지 않고 밟습니다.

이 위태로운 행동으로
약간의 여유를 얻습니다.

다 지키면 너무 힘들어서
슬쩍 선을 밟습니다.

 규칙엔 항상 애매한 판정이 있습니다. 반복적인 애매한 판정은 새로운 규칙이 됩니다. 이 판단으로 정해진 선을 살짝 밟습니다. 밟는 건 넘은 걸로 안 봅니다.

 유연함이 어렵습니다. 밟고 있으면 넘기 쉬운 상황이 만들어집니다. 누가 밀 수도 있습니다. 그래도 그 요령이 우리에게 여유를 줍니다. 작은 차이로 여유가 생깁니다.

 불법과 편법이 조금 다릅니다. 많은 경험이 생기면 대충 보고 아는 것처럼, 모든 일을 정해진 순서대로, 정확하게 할 필요는 없습니다. 어떨 때 요령으로 해도 됩니다.

 요령을 위해서 더 많은 경험을 쌓습니다. 노련해야 요령이 생깁니다. 초보자와 둔한 사람은 규정대로 머물러야 하고, 노련한 사람은 티 안 나는 요령을 쓸 수 있습니다.

훌륭한

살아온 시간을 돌아보며
훌륭했다고 칭찬합니다.

어려워도 견디며
여기까지 왔습니다.

힘들어도 괜찮습니다.
훌륭합니다.

마음엔 굴곡이 있어서 시간에 따라 느끼는 게 계속 변합니다. 무의미한 삶처럼 보여도 개인의 내면엔 다양한 변화가 있습니다. 별것 없는 삶에도 시간은 똑같이 적용됩니다.

각자의 눈높이로 살기 때문에 어떤 인생이었는지 물어보면, 어렵지만 잘 왔다고 합니다. 대충 산 인생도 그 안에선 욕심과 나름의 노력이 있습니다. 얕잡아 볼 수 없습니다.

나이를 이미 먹었는데, 바꾸고 싶은 과거는 바꿀 수 없습니다. 창피하고 외면하고 싶어도 살아온 시간에 가치를 줍니다. 큰 성공은 없었지만, 영화 같았습니다.

어른과 노인을 보며 막 산 인생이라고 할 수 없습니다. 정말 별로인 경우도 있지만, 우리도 나이를 먹으면 누군가 그런 평가를 할 겁니다. 별거 없지만, 영화처럼 생생하게 살았습니다.

5°
후회를 배움으로 이해하는 시와 글

포기하다

마음속 양심을 놓아버리면
강해질 것 같습니다.

선함이 없는 성공은
오래갈 수 없습니다.

성공을 오래 유지하기 위해
양심은 포기하지 않습니다.

 어려운 상황에서 제일 먼저 떠오르는 건 반칙입니다. 뺏으면 빠를 것 같고, 속이면 쉬울 것 같습니다. 그렇게 해결할 수도 있습니다. 대신 그렇게 하면 반복할 수 없습니다.

 정직과 성실은 집단을 위한 양심입니다. 어렵고 힘들어도 이걸 지켜야 사회가 유지됩니다. 가끔 반칙으로 성공한 사람들도 있지만, 주변에 사람이 없을 겁니다.

 사회가 불법을 허락해도 가급적 도덕 안에 머물러야 합니다. 뺏고 뺏기는 싸움은 작은 실수로 큰 손해를 봅니다. 돈을 놓고 돈을 먹는 일이 원래 위험합니다.

 안전하게 오래가려고 양심은 마음에서 버리지 않습니다. 가끔 양심이 외출하는 일이 생기지만, 꼭 다시 가져옵니다. 우리가 양심이 없는 걸 알면, 아무도 우리 곁에 머무르지 않습니다.

헤어지다

우리의 삶은 행복이어서
떠나는 걸 보내줍니다.

우리는 항상 새로워서
미련으로 아파하지 않습니다.

우리 삶은 여행이어서
멈추고 아파하지 않습니다.

무언가를 깊게 좋아하고, 그걸 잃는 걸 두려워합니다. 애착을 갖는 마음이 본능입니다. 본능을 알아도 자꾸 다른 길로 가는 건 집착이 고통이 되기 때문입니다.

강하게 머무르는 걸 피하려고 계속 새로운 걸 경험합니다. 무엇에도 크게 집착하지 않고 가볍고 새롭게 맞이합니다. 우리가 맞이하는 대상도 우리가 가벼워야 경계하지 않을 겁니다.

머무르면 막히는 걸 걱정해야 합니다. 많은 걸 쌓을 수 있지만, 반대로 가진 것이 탁해질 수 있습니다. 그래서 헤어짐을 두려워하지 않습니다. 기다리면 새로운 게 나타납니다.

떠나는 대상이 우릴 아프게 합니다. 상처를 쥐고 쓰러지지 않으려고 아픔을 줄입니다. 고통을 과거로 남기고 우린 미래를 향해 다시 현실로 돌아옵니다. 아픔과 헤어집니다.

수식어

쉬운 설명을 위해
수식어를 붙입니다.

누군가를 설명할 때
좋은 표현을 합니다.

마음이라도 편하게
좋은 수식어를 붙입니다.

감정과 경험을 담아서 수식어를 붙입니다. 좋은 글, 좋은 문장, 이런 식입니다. 많이 알수록 줄이게 되지만, 소통을 위해 설명이 필요합니다. 설명하는 김에 칭찬도 합니다.

그 사람이 싫더라도 좋은 수식어를 붙여줍니다. 정말 싫으면 안 볼 거지만, 표현은 좋게 합니다. 혹시라도 저주가 될까 봐 좋은 표현을 합니다. 잘 되길 바라는 마음입니다.

공부할 때는 정확해야 하는 표현들이 사회에서는 둥글어집니다. 내가 정확하면 남도 정확하니, 화친의 표현을 합니다. 여러 감정을 느꼈지만, 좋은 사람이라고 합니다.

말을 예쁘게 꾸며 봅니다. 우리의 치장으로 상대가 좋아졌으면 합니다. 나쁜 사람을 나쁘다고 하면 더 나빠지니, 둥글게 돌아서 말합니다. 좋아질 사람입니다.

소시민

우리 삶은 작아도
마음은 넓게 삽니다.

가진 것이 적어도
마음은 올바르게 합니다.

환경이 작을 뿐
사람이 작진 않습니다.

야비한 사람을 큰 사람이라고 하지 않습니다. 더 갖고 덜 갖는 건 타고난 운에 영향을 많이 받아서, 마음은 우리 뜻대로 합니다. 우리 마음은 넓고 올바릅니다.

우리의 평범한 삶에 누군가 비난을 던질 수 있습니다. 과시를 던질 수도 있고, 비교를 던지고, 평가를 던질 수 있습니다. 그래도 마음을 흔들리지 않습니다. 우리가 큰 사람이라 그렇습니다.

태어난 환경이 운이라면 마음을 가꾸는 건 실력입니다. 우린 실력이 좋아서 마음이 여유롭습니다. 경쟁하고 일할 때는 집중하고, 그 외에는 여유를 갖기 위해 노력합니다.

다 같은 시민인데 더 갖고, 덜 갖는 걸 나누면 소시민과 대시민이 나뉩니다. 부러워하는 마음이 우릴 삼키면 우린 소시민이 됩니다. 부럽지 않으면 큰 시민입니다.

위하다

서로의 신뢰를 위해
위하는 마음을 갖습니다.

배려로 견고해집니다.
믿을 수 있어서 힘이 됩니다.

모두 잘 되길 바랍니다.
그 마음으로 성장합니다.

 비난하면 갈라지고 위해주면 뭉칩니다. 어려울수록 뭉치는 일이 어렵습니다. 아쉬우면 뒤돌아서게 돼서 그렇습니다. 흩어지면 약해져서 상대를 위합니다. 결국 우릴 위해서입니다.

 배려를 주고받으면 관계가 단단해집니다. 받기만 하고 도망가면 안 됩니다. 믿을 수 있는 관계가 있어야 집단이 강해집니다. 혼자 하면 안 되는 걸 알아서 상대를 배려합니다.

 남을 위하는 마음이 우릴 위하는 마음으로 돌아옵니다. 손해인 것 같지만 길게 보면 이익입니다. 아쉬울 때 도움받을 수도 있고 소속감도 느낄 수 있습니다.

 가난하고 어려워질수록 사회가 분열됩니다. 여유로우면 곳간도 열어주는데, 힘들면 없는 것도 뺏습니다. 사회가 부유하길 바랍니다. 그래서 우리가 서로 잘 뭉쳤으면 합니다.

바치다

손에 쥔 것이 귀하지만
상대에게 줍니다.

아까워도 내게 귀한 것을
상대에게 줍니다.

그가 좋은 사람이라면
분명 보답할 겁니다.

친해지는 빠른 방법은 선물입니다. 선물하는 비용이 조금 아깝지만, 선물은 그만한 가치가 있는 경우가 많습니다. 여러 번 만나고 긴 시간을 내는 것만큼, 선물로 빨리 친해질 수 있습니다.

누군가에게 무언갈 건네는 모습이 불편할 수 있습니다. 아깝기도 하고 숙이는 것 같기도 합니다. 내 걸 주는 모습이 바치는 모습 같기도 합니다. 그래도 선물이 빠릅니다.

친분이 단순히 즐거움이면 아무것도 오가지 않아도 됩니다. 하지만 친분으로 거래해야 한다면 선물은 의미를 담을 수 있습니다. 주는 것이 쉬우니, 받는 걸 쉽게 하고 싶다는 의미입니다.

주고받는 사이가 되려면 누군가 먼저 줘야 합니다. 받고 도망갈 수도 있지만, 먼저 줍니다. 그렇게 시작해야 진행이 원활합니다. 서로 가진 걸 쥐고서 눈치만 보면 안 됩니다.

갤러리

공을 들인 작품으로
세상에 기쁨을 줍니다.

좋은 작품이 여럿 모이니
그 공간이 갤러리가 됩니다.

작품으로 좋은 영향을 줍니다.
갤러리가 사회를 기쁘게 합니다.

자랑을 위한 작품이 아니라면, 작품은 사람을 기쁘게 합니다. 강하게 집중된 시간과 노력이 작품에 담깁니다. 우린 그걸 보며 작가의 감정과 노력을 읽어냅니다.

작품이 여럿 모이면 시간을 보낼 수 있는 공간이 됩니다. 여러 사람이 모이기도 하고, 느낀 걸 나눠볼 수도 있습니다. 좋은 작품이 있어야 좋은 품평을 할 수 있습니다.

작품에 선함이 담겨서 보는 사람들마다 기뻐했으면 합니다. 선함이 여럿 모여서 사회도 기뻤으면 합니다. 긍정적인 것들이 많아져서 세상 사는 게 기뻤으면 합니다.

갤러리에 좋은 작품이 많길 기대하는 것처럼, 우리 마음에도 좋은 감정과 경험이 많아야 합니다. 우리가 갤러리가 되어서 우릴 만나는 이들이 기쁨을 느끼고 선해졌으면 합니다.

다양하다

다양한 사람들이 모여도
그들은 웃음을 좋아합니다.

서로 다른 사람들이 모여서
함께 기뻐합니다.

다양해도 좋습니다.
마음이 착해서 그렇습니다.

 서로의 개성이 같이 어울릴 때는 웃음이 있습니다. 기쁘게 웃으려면 착해야 합니다. 아이와 밥을 먹는 부모의 모습처럼, 짜증 내고 우는 아이를 보며 웃는 부모는 없습니다.

 우리의 다양성에 선함이 있어야 합니다. 착한 개성은 좋습니다. 이기적인 개성이 눈을 찌푸리게 하니, 착한 개성을 만듭니다. 누굴 만나도 쉽게 친해질 수 있는 다양성입니다.

 마음이 착하다면 상대를 향한 배려가 있습니다. 그 마음이 있으면 개성도 좋습니다. 부딪히고 다툴 일이 없으면 됩니다. 서로의 다양함이 잘 인정받았으면 합니다.

 절제하고 금욕하는 일에 집착할 수 있습니다. 욕구에 악의가 없다면 허용해줘도 좋습니다. 집착과 강제가 없는 욕심은 괜찮습니다. 과한 절제가 오히려 악이 될 수 있습니다.

과학

에너지는 일정한데
좋은 마음은 점점 커집니다.

과학은 더하면 빼야 하는데
선함은 계속 더할 수 있습니다.

선한 마음은 계속 커집니다.
분열하지 않을 수 있습니다.

자원을 캐서 경제가 커지는 것처럼, 더했는데 빼지 않는 상황도 있습니다. 마음이 그렇습니다. 좋은 마음은 계속 좋아질 수 있습니다. 좋은 걸 나누면 같이 좋아질 수 있습니다.

세상의 에너지가 일정해서, 과학에서는 더하면 빼야 합니다. 공식과 규칙도 있습니다. 좋은 마음은 제한이 없습니다. 가진 걸 나눠주고 받으면 돌려주는 좋은 마음입니다.

세상에 악이 없다면 좋은 마음으로 가득했을 겁니다. 예상치 못한 어려움과 실패가 우리의 선의를 다치게 합니다. 마음에 좋은 것을 담았다면 그걸 행할 실력이 있어야 합니다.

선함에도 정확한 이론이 있으면 좋겠습니다. 다치지 않고 실수하지 않는 이론이 필요합니다. 마음은 항상 경험으로 배우기에 우린 실전에 뛰어듭니다. 선하기 위해 강해질 겁니다.

문외한

낯선 경험을 하면
불편하고 어렵습니다.

시간이 지나서 익숙해지면
어려운 건 쉬워집니다.

느려도 괜찮습니다.
계속하면 늡니다.

모르는 건 낯섭니다. 간단한 것도 어렵고 익숙해지려면 시간이 걸립니다. 낯선 것을 만났을 때는 필요한지 구분합니다. 필요하다면 들어가는 시간이 합리적인지 판단합니다.

느린 건 게으르게 보입니다. 남이 보기에도, 우리가 보기에도 그렇습니다. 그게 헷갈리면 의욕을 잃습니다. 이때 필요한 건 익숙해지기 위한 기다림입니다.

새로 배우는 일엔 시간과 에너지가 필요합니다. 번거로워도 마음을 정했다면 계속합니다. 느려도 좋고 낯설어도 좋습니다. 어떨 땐 가속도가 붙기도 할 겁니다.

맨 처음 우린 숨 쉬는 게 어려워서 울었습니다. 걷는 게 어려워서 넘어졌습니다. 새로 배우는 일도 같습니다. 모르는 일은 쉬운 실패를 통해 익숙해집니다.

환상적인

우리 마음의 환상은
급격한 성공입니다.

적응할 시간이 없는 변화가
우릴 환상 속에 빠뜨립니다.

너무 깊은 환상보다는
안정적으로 천천히 합니다.

바라던 걸 이루는 기쁨이 쏟아지면 그 마음이 환상입니다. 하나씩 올라야 하는데 열 계단씩 오릅니다. 계속 가능하다면 그 사람 운이지만, 하나씩 오르는 것부터 해야 합니다.

강한 성취감도 마음을 둔하게 합니다. 하나 오르는 건 재미없고 열 개씩 올라야 재밌으면, 작은 건 안 보입니다. 작은 성취에 무뎌지면 단위가 바뀝니다. 오르다가 넘어지면 굴러서 떨어집니다.

크게 성공해도 항상 검소하고 겸손해야 합니다. 아끼기 위함도 있지만 지금의 성공을 위해 쌓은 작은 것을 기억하기 위함입니다. 작은 성취에 대한 감각은 잊으면 안 됩니다.

환상 속의 성공을 얻어도 우리 시작은 어린이였습니다. 쉽게 얻는 일에 익숙해져도, 처음의 얻음은 어려웠습니다. 돌아보고 되풀이해야 환상이 계속 유지됩니다.

감상하다

작품에 들어간 노고를
감상하며 공감합니다.

만든 이의 애착과 정성을
작품으로 느껴봅니다.

삶도 작품이어서 잘 살핍니다.
존중하고, 쉽게 평가하지 않습니다.

작품을 위해선 사람의 시간과 노력이 들어갑니다. 기계가 만드는 자동화와 정교함이 편리해도, 아날로그 방식의 손으로 만든 작품을 종종 찾습니다.

예술은 완성도로 평가됩니다. 완성의 기준은 보는 이가 정합니다. 기계가 좋다면 기계의 방식으로 만든 완성도를 즐깁니다. 사람이 좋다면 사람의 방식으로 만든 완성도를 즐깁니다.

사람을 좋아한다면 작품에서 공통된 느낌을 받습니다. 작품을 감상하는 일이 사람에게 이어집니다. 완벽한 성공을 기준으로 두면 볼 게 없는 사람이, 아날로그의 기준으로 보면 다릅니다.

한 개인의 삶도 작품이어서, 그 울퉁불퉁함을 감상합니다. 실패와 경험으로 반복된 흔적들이 삶에 녹아있습니다. 시간이 모두에게 같아서, 개인이 만든 삶을 낮게 평가하지 않습니다.

찬사

노력한 걸 알아서
나쁘게 말할 수 없습니다.

그 노력을 존중하며
찬사를 보냅니다.

찬사를 먼저 합니다.
고생해서 그렇습니다.

청소년이 제일 먼저 배우는 건 시험입니다. 어른들에게 자산을 비교하라고 하면 싫은 티를 많이 냅니다. 학생들도 성적 비교하는 일이 즐겁진 않습니다.

노력은 길고 평가는 짧습니다. 그래서 시험엔 변수가 많습니다. 그 경험으로 사회를 미리 배우면 좋은데, 남는 건 불평과 짜증입니다. 긴 시간 노력해서 중요한 순간에 매듭짓는 일이 어렵습니다.

주어진 걸 다 배우고 뽐내면 좋지만, 그게 잘 안 맞는 사람도 있습니다. 그래서 칭찬을 먼저 합니다. 결과는 이미 나와서, 잘했다고 칭찬합니다. 잘했습니다.

이미 결정 난 건 따질 수 없습니다. 기회가 여러 번 있으면 더 집중해야 하지만, 끝난 건 마무리를 해야 합니다. 다음에 더 강하게 도전할 수 있게 칭찬합니다. 찬사를 보냅니다.

목표하다

평생의 노력으로 안 되면
다음 사람에게 넘깁니다.

최선을 다합니다.
그래서 인정합니다.

노력은 충분했습니다.
목표가 높았습니다.

 어릴 적 꿈꿨던 큰 목표들이 세월과 함께 작아집니다. 환경과 운과 노력과 열정의 차이인 것 같지만, 태어날 때 정해졌을 수도 있습니다. 그래서 안 되는 걸 인정할 줄 알아야 합니다.

 미리 겁먹고 포기하지 않습니다. 대신 결과가 나오면 인정합니다. 매번 안 되는 결과가 나와도, 궁리하고 노력하는 건 멈추지 않습니다. 이 경험을 다른 이에게 가르쳐야 합니다.

 우리가 안 되는 건 우리 곁의 누군가가 해줄 겁니다. 그가 나타났을 때 도움이 되기 위해 열심히 삽니다. 이 경험이 있으면 도움이 될 수 있습니다. 주인공을 위해 노력합니다.

 우리 삶의 주인공은 우리지만, 세상의 주인공은 다릅니다. 성공하기 위해 태어나는 사람들이 있습니다. 우리 운이 조금 부족하면 강한 이의 무리에 들어가면 됩니다.

깊어지다

마음이 안정되니
집중이 깊어집니다.

다시 돌아올 방향이
명확합니다.

마음이 건강해서
더 깊어질 수 있습니다.

맑은 물은 깊은 곳까지 잘 보입니다. 마음과 집중도 같습니다. 마음이 맑아야 깊은 자아를 보고, 집중이 맑아야 더 깊고 오래 집중합니다. 깊이를 위해선 맑아야 합니다.

마음이 탁할 때는 생각이 산만합니다. 산만한 상태에서 무언가를 하려면 계속 방향을 잃습니다. 맑다면 생기지 않을 시행착오가 많아집니다. 깊이 빠지고 돌아오려면 맑고 투명해야 합니다.

맑은 마음을 위해선 건강해야 합니다. 몸에서 보내는 아픈 신호가 없어야 합니다. 마음을 괴롭히는 자잘한 생각들도 없어야 합니다. 건강해야 더 깊게 집중할 수 있습니다.

세상이 항상 강조하는 노력과 성공을 위해선 깊은 집중이 필요합니다. 사는 게 빠듯하고, 일정이 잔뜩 쌓여있는데 맑아지는 건 어렵습니다. 그래서 건강을 먼저 챙기고 집중해야 합니다.

병원

알코올로 소독된 공간에서
숨을 쉬어 봅니다.

하얀 벽과 바닥이
더 깨끗해 보입니다.

깨끗해서 좋고
그래서 조금 부담됩니다.

 병원에 가면 느껴지는 알코올 향과 흰 내부가 깨끗해 보입니다. 숨 쉬는 공기도 소독이 된 듯 알코올 향이 납니다. 신발도 깨끗해야 할 것 같은 소독된 공간입니다.

 매일 씻고 청결을 관리해도 너무 깨끗한 곳에 가면 민망합니다. 왠지 약간의 흠이 더 잘 보이는 기분입니다. 약간 어설프고 조금 지저분해도 괜찮은데, 우리가 너무 잘 보입니다.

 병원은 위생이 중요한 공간이지만, 병원이 아닌데도 병원 같은 느낌을 받을 때가 있습니다. 편안히 있고 싶은데 신경이 많이 쓰일 때가 있습니다. 그럴 땐 부담됩니다.

 우리 마음도 병원과 비슷할 수 있습니다. 조금 봐줘도 되는데 작은 것도 다 잡아낼 수 있습니다. 그럴 땐 조금 봐줘야 합니다. 그 마음은 서로를 예민하게 만듭니다.

주름

세월이 억세서
피부에 겹이 생겼습니다.

세월이 거칠었는지
마음에도 주름이 있습니다.

피부는 주름으로 거칠지만
마음은 둥글게 됐습니다.

과거를 많이 쌓고 돌아보면 세월은 우리에게 부드럽지 않았습니다. 피부도 거칠어지고 주름도 생겼습니다. 주름이 늘어갈수록 우리 모습도 지치고 거칠어집니다.

힘이 빠져서인지 익숙해져서인지 모르겠지만 주름이 생기기 시작하면 마음이 부드러워집니다. 피부의 주름은 모습을 거칠게 하는데, 마음의 주름은 생각을 부드럽게 합니다.

나무의 나이테처럼 우리도 주름이 늡니다. 나이테가 많아진 나무가 크고 단단해 보이듯이, 주름이 많아지면 지혜가 생깁니다. 주름이 필터가 된 것처럼 생각이 길어집니다.

직선으로 뻗는 생각이 빠릅니다. 그 선이 주름을 만나서 울퉁불퉁하게 돌아서 오면 부드러워집니다. 세월이 우리 열정을 둥글게 만듭니다. 그렇게 지혜를 배웁니다.

마술

환상을 보여주기 위해
살짝 속입니다.

환상을 믿는 마음으로
마술을 봅니다.

약간의 도구와 연습으로
환상을 경험합니다.

  우리는 도구를 이용해 환상을 경험합니다. 미디어가 대부분이지만 그 도구가 우리 마음의 환상을 생생하게 합니다. 연출과 속임이 있지만 우린 즐겁습니다. 알고 봅니다.

  사는 일이 정해지면 지루해집니다. 그 지루함을 가볍게 깨듯이 마술을 찾습니다. 화면에 보이는 즐거움이 각본이고, 화려한 연출이 가짜여도 좋습니다.

  환상을 정말로 경험하려면 불가능, 혹은 엄청난 금액이 필요합니다. 우리 마음이 소박해서 살짝 속는 걸로 만족합니다. 가짜여도 좋습니다. 그 시간이 즐거웠습니다.

  휴식을 완벽히 할 필요가 없습니다. 가볍게 즐기고 돌아오면 됩니다. 조금 아쉽고 어색할 순 있지만, 시간을 보내고 편했으면 됩니다. 가벼운 휴식도 도움이 됩니다.

붕어

강을 닮은 물고기는
세월과 함께 커집니다.

송사리처럼 작은 붕어가
자연과 함께 커졌습니다.

붕어의 삶은 정해졌지만
커진 건 붕어의 노력입니다.

큰 물고기를 보며 생각합니다. 정해진 환경에서 최선을 다해도 운명이 바뀌지 않았습니다. 붕어가 바꿀 수 있던 건 조금 더 오래 사는 것, 그리고 더 크고 강해지는 것입니다.

우리 삶과 붕어를 비교합니다. 우리가 가진 능력과 재주가 정해져 있어서 우리 삶의 방향이 정해져 있습니다. 우리가 부러워하는 스타의 삶이나, 대기업 회장의 삶이 우리에게 없을 수도 있습니다.

어린아이가 어른이 된 것처럼, 우리는 과거보다 나아질 수 있습니다. 그 노력의 결과가 평범한 가정이어도 우린 생존과 성장을 위해 노력합니다. 살아있어서 하는 본능입니다.

최선을 다해도 넘지 못할 벽이 있다면, 우리가 할 수 있는 노력을 다하면 됩니다. 그 벽은 우리가 무엇인지 자꾸 구분하려 하지만, 우린 우리의 노력으로 성장합니다. 커진 사람이 될 겁니다.

뿌리다

이 땅의 비옥함을 위해
좋은 걸 뿌립니다.

우리의 번영을 위해
좋은 걸 나눕니다.

뿌려야 비옥해지고
나눠야 번영합니다.

 제일 어려운 사회는 가진 걸 나누지 않는 사회입니다. 사회는 경쟁이 필수여서, 결국 뺏게 됩니다. 그때 가진 걸 주지 않고 쥐고 있으면 뺏긴 이가 성장할 수 없게 됩니다.

 우리가 강해지고 남이 약해지면 경쟁이 쉬울 것 같습니다. 이 집단이 고립되어있고 그 외에 아무것도 없다면 가능합니다. 하지만 그렇지 않고 내부와 외부의 경쟁이 있다면 내부를 살려야 합니다.

 많이 얻었다면 뿌려야 합니다. 그 나누는 행동이 땅을 비옥하게 하고 다음 식물을 자라게 합니다. 벼를 추수하고 벼를 심지 않으면, 다음 해에는 굶어야 합니다.

 노력해서 번 돈을 다시 나누라는 말이 어색합니다. 농부가 씨앗을 다시 심는 것과 같습니다. 주변이 풍족해져야 우리의 다음이 수월합니다. 마음을 더 넓게 써야 합니다.

투박한

정교한 이론이 없어서
삶이 투박합니다.

항상 부딪혀 보고
경험으로 배웁니다.

배움이 있으면 됩니다.
투박해도 배우면 됩니다.

부모님이 우리에게 부모가 처음이라고 합니다. 그러면 우리는 우리 삶을 처음으로 진행해야 합니다. 감정을 자극하는 합리적인 답변이 우리 삶을 투박하게 만듭니다.

먼저 산 이가 우릴 이끌어야 하는데, 그렇지 않다면 경험으로 배워야 합니다. 이론이 조금 부족하지만, 실전을 경험하며 계속 배웁니다. 우리와 우리의 다음을 위한 배움입니다.

남들처럼 준비하고 들어가면 좋은데 우린 그게 어렵습니다. 어쩌면 그들도 다른 상황에서는 부딪히며 생각할 수도 있습니다. 아쉽지만 주어진 상황에서 최선을 다해야 합니다.

모르는 것들은 경험을 통해 알게 됩니다. 피하지 않으면 결국 배웁니다. 그 마음으로 배움을 얻어서 다음 사람에게 알려줘야 합니다. 같은 상황을 세대마다 반복하면 안 됩니다.

가라앉다

뜨거운 불이 식듯이
감정을 누그러뜨립니다.

마음을 달구는 불을
물처럼 차갑게 합니다.

감정에 흔들리면 안 됩니다.
시원한 듯 차가워야 합니다.

 뜨거운 건 올라오고, 찬 건 가라앉습니다. 감정이 복잡해지면 그것이 섞이고 열을 냅니다. 그럼 그게 얼굴로 올라와서 나타납니다. 차분하기 위해선 차가워야 합니다.

 모든 순간에서 차가울 순 없어서 마음에 불이 붙는 걸 파악해야 합니다. 마음이 달궈지는 걸 알면 식히면 됩니다. 그 뜨거움을 차갑게 가라앉히면 됩니다.

 흔들리지 않고 섞이지 않는 연습은 우릴 고립되게 합니다. 외로워지면 사람이 너무 차가워서 딱딱해집니다. 그래서 부드럽고 따듯하게 세상을 대합니다. 뜨거워지는 것만 조심하면 됩니다.

 한쪽에 쏠리지 않는 일이 어렵습니다. 적절한 온도를 유지해야 합니다. 차가워지면 따듯하게, 뜨거워지면 시원하게 합니다. 자동이 안 돼서 수동으로 해야 합니다.

익어가다

배움이 가득할수록
머리가 무겁습니다.

실수를 잘 인정하고
배움을 나누기도 합니다.

마음이 넘쳐서 그렇습니다.
열매가 가득합니다.

사과가 익으면 떨어지고, 벼가 익으면 숙이듯이, 완성에 가까워지면 무거워집니다. 사과처럼 가진 걸 내려놓기도 하고, 벼처럼 숙이기도 합니다. 자연스러운 일입니다.

많이 배운 이들의 권위적인 모습이 우릴 불편하게 합니다. 아직 덜 익어서 고개가 뻣뻣할 수도 있습니다. 그들의 배움이 더 깊어지면 머리가 무거워질 겁니다. 그러면 사과와 벼를 따라 할 겁니다.

마음에 배움이 가득해서 열매가 넘치는 경험을 합니다. 돌처럼 굳지 않고 자연처럼 익어갑니다. 귀한 열매를 땅에 내려놓기도 하고, 무겁게 쌓은 걸 부드럽게 숙이기도 합니다.

정말로 많이 가지거나 안다면, 부드러워야 합니다. 부딪히면 깨지고 다칩니다. 많이 가진 사람은 잃지 않는 법을 압니다. 더 많이 배우고 얻어서 멋지게 익어갔으면 합니다.

얕다

깊이가 없어서
다양하게 배웁니다.

세상을 보는 시선은 얕지만
마음의 경험은 깊습니다.

변화에 능숙하고
경험이 깊습니다.

무언갈 깊게 배우면 다른 것들이 쉬워집니다. 반대로 다양하게 많이 배우면 깊게 배울 때 도움이 됩니다. 깊이와 넓이가 서로 닮았습니다. 얕기도 하고 깊기도 합니다.

여러 가지를 많이 배우려면 깊이의 문제가 생깁니다. 깊게 배우는 게 안 되는 이들은 타인의 전문성을 부러워할 수도 있습니다. 얕고 넓은 배움도 양으로 보면 깊은 것과 같습니다.

빨리 배우는 사람들은 종종 깊게 배우는 걸 어려워합니다. 시험에 필요한 공부는 깊이를 중요히 여기지만, 살아보면 깊이가 중요하지 않을 때가 많습니다.

깊지 않다면 변화에 능숙합니다. 그 부드러움도 결국 깊이가 됩니다. 사는 일엔 정해진 게 없어서 열심히 하다 보면 결국 비슷비슷합니다. 너무 걱정하지 않아도 됩니다.

안 보이다

보여야 마음이 편한데
안 보이니 불안합니다.

보이는 게 적어도
마음은 차분해야 합니다.

안 보이는 함정을 조심합니다.
보이는 것에 집중합니다.

어두운 공간에 들어가면 겁먹는 것처럼 불안합니다. 불을 켜고 싶고 눈으로 확인하고 싶습니다. 그런 확인을 반복하고 나면 눈으로 확인하는 게 번거로워집니다.

눈으로 못 보면 귀로 듣기도 하고, 냄새로 맡기도 합니다. 그 연습을 하고 나면 안 보여도 차분해집니다. 우리 감각의 종류가 많아서 그렇습니다. 감각을 닫아도 차분할 수 있습니다.

눈으로 다 확인할 필요가 없는 것처럼 마음에도 여러 감각을 만들어봅니다. 눈으로 못 보면 귀로 듣고, 귀로 안 들리면 촉감이나 후각으로 느껴 봅니다.

다 눈으로 보려는 꼼꼼함이 마음을 좁게 만듭니다. 완벽하게 하려는 마음이 반대로 사람을 작아지게 만들기도 합니다. 불안함을 내려놓는 약간의 여유가 필요합니다.

마취

급할 때 찾는 차분함이
마음을 편하게 합니다.

세상은 여전히 다급해도
우린 차분하게 봅니다.

혼란한 감정을 마취시키고
실용적으로 행동합니다.

 약으로 차분해지면 위험해서, 차분해질 수 있는 연습을 합니다. 좋은 단어나 문장을 떠올려도 좋고, 운동이나 명상을 할 때의 좋은 느낌을 떠올려도 좋습니다.

 차분함을 유지하는 훈련은 항상 흔들립니다. 그래서 덜 흔들리는 연습과 다시 차분해지는 연습을 합니다. 세상이 우리의 차분함을 계속 깨뜨려도, 다시 차분해집니다.

 차분해지면 상황이 둔해지는 기분이 들기도 합니다. 어쩌면 차분해지는 건 마취와 같을 수 있습니다. 아플 때 통증을 낮추고 침착해지는 것처럼, 차분함은 마음을 위한 훈련입니다.

 감정이 복잡할 때는 마음을 차분히 해야 합니다. 그 혼란함에 취하면 실수를 많이 하게 됩니다. 차분함이 마취처럼 보이지만 다릅니다. 컨디션을 일정하게 유지하기 위한 차분함입니다.

견디다

중요한 순간에는
끝까지 가야 합니다.

그동안의 노력이
한계에 부딪힙니다.

견뎌야 합니다.
견디면 끝까지 갑니다.

공부가 덜되어서 시험을 포기하는 학생처럼, 자신이 없으면 포기하고 피하게 됩니다. 특별한 이유 없이 포기하는 상황을 종종 보게 됩니다. 실패하고 지는 기분이 들어도, 준비한 건 확인해야 합니다.

불합격이 뻔히 보여도 경험할 것을 권합니다. 비난받을 일이 없고, 그동안 준비했다면 마무리를 잘해야 합니다. 마지막에 가까워질수록 잡념이 많아집니다. 견뎌서라도 끝까지 가봐야 합니다.

무언가를 준비하고 시도하고, 결과를 얻는 일이 삶에서 계속 반복됩니다. 이번엔 실패가 보여도, 그 실패를 경험하는 일까지가 결과입니다. 그걸 경험해야 다음을 더 잘할 수 있습니다.

힘들고 포기하고 싶을 때 견디라고 하면 무책임해 보입니다. 실패가 정해져 있다면 그 경험이라도 챙겨야 합니다. 손해를 최소화하고 얻을 걸 다 얻어서 다시 준비하면 됩니다.

수술

완벽히 나을 줄 알았는데
몸이 부자연스럽습니다.

고통은 컸는데
다 낫지 않았습니다.

안 되는 걸 인정합니다.
적응하는 법을 배웁니다.

불도저로 땅을 쭉 미는 것처럼, 과학의 힘을 빌리면 진행이 수월하다고 느낄 수 있습니다. 아픈 몸을 수술하는 것처럼, 깔끔하게 낫고 이전으로 돌아간다는 생각도 합니다.

수술은 잘 됐는데 몸은 불편할 수 있습니다. 이전과 다른 몸이 우리에게 적응을 가르칩니다. 세상의 기술이 아직 완벽하지 않으니, 다치고 불편한 몸에 적응할 것을 권유합니다.

몸의 어긋남을 우리가 가장 잘 압니다. 고칠 수 없는 어긋남을 남은 삶과 함께해야 하니 화가 나기도 합니다. 이 불편함으로 완벽하지 않은 것들과 함께하는 법을 배웁니다.

일을 진행하거나, 다른 이와 함께할 때 어긋났다는 느낌을 받습니다. 사람이 완벽하지 않아서 그런 것이니 거기에 너무 집착하면 안 됩니다. 완벽하지 않은 것과 함께 사는 연습입니다.

봉합하다

구멍을 손으로 막습니다.
손으로 부족해서 봉합합니다.

미적이진 않지만
목적을 위해 봉합합니다.

급한 걸 우선 해결하고
포장은 나중에 합니다.

예술가들은 종종 자기만의 언어를 가지고 있습니다. 그 언어가 외국어처럼 들려서 같은 한국말도 헷갈립니다. 그들은 세상을 보고 표현하는 방식이 달라서 그렇습니다.

외국어를 쓰는 한국인을 보면 답답합니다. 빨리하고 정리하면 좋은데 마무리까지 하려고 합니다. 우린 실용적이면 되는데 그들은 좀 다릅니다. 급한데 포장까지 예쁘게 합니다.

생각의 틀이 다른 사람을 보면 안 맞습니다. 그런데 일하다 보면 그들이 필요합니다. 포장 예술가는 포장을 맡기고, 여러 일을 대충 잘하는 우리는 많은 일을 맡으면 됩니다.

벽에 구멍이 뚫려서 급한데 손으로 막으면 안 된다고 놔두면 그 구멍은 커집니다. 판단은 제각각이어서 손으로 막아도 맞고, 봉합하는 것도 맞습니다. 상대가 둔하면 할 줄 아는 것만 시키면 됩니다.

바람

흘러가는 바람에
생각을 담아 봅니다.

어떤 건 흘려보내고
어떤 건 담아둡니다.

바람이 가볍습니다.
생각도 가벼워집니다.

애정이 생기면 마음이 무거워집니다. 실수하고 싶지 않아서 더 많이 살피게 됩니다. 꼼꼼함이 잘 맞을 때도 있지만, 상대가 불편해하면 이 마음을 조절하는 일은 어렵습니다.

우리의 모든 세심함이 항상 일정하고 항상 통하면 좋겠습니다. 우리는 종종 지치고, 상대도 종종 지칩니다. 변하는 마음 때문에 바람의 가벼움을 보고 배웁니다.

마음의 변화를 따라가기 위해 적당히 흘려보냅니다. 어떨 땐 잡아두기도 합니다. 우리 마음이 바람과 같아서 정확한 틀을 만들지 않습니다. 그렇게 집착을 가볍게 합니다.

마음을 가볍게 하는 모습은 무책임해 보일 수 있습니다. 무거울 땐 가볍게 하고, 가벼울 땐 무겁게 합니다. 이 두 가지를 다 할 줄 알아야 합니다. 보내기도 하고, 맞이하기도 하면 됩니다.

6°
고치고 싶은 마음이 사랑이 되는 시와 글

착각

어쩌면 내가 특별하다는
그런 착각을 해봅니다.

내가 하는 지루한 일들을
모두 특별하다고 착각합니다.

재밌는 상상으로 하루가 갑니다.
착각은 퇴근하며 두고 옵니다.

 지루한 건 안정적인 겁니다. 이걸 잘 유지해야 삶이 건강해집니다. 울타리 밖을 넘어가는 강아지처럼 이유 없는 무모함이 우릴 자극합니다. 그때는 상상으로 대신합니다.

 연극의 주인공이 되는 상상을 해봅니다. 책상은 부엌이고 우린 요리 과제를 하고 있습니다. 회사는 우리에게 빠른 퇴근을 위해서 몇 가지 까다로운 과제를 줍니다. 그런 상상입니다.

 멀쩡하게 일하던 사람이 갑자기 회사를 그만둡니다. 이 생각이 상상으로 멈춰야 하는데, 답답하고 마음이 조급하면 정말로 그만두게 됩니다. 비난할 순 없지만 조심해야 합니다.

 안정적인 삶을 꿈꿔왔지만, 평화는 모험을 부릅니다. 정착해서 살면 좋은데 굳이 마을 밖으로 길을 떠납니다. 모험가에게는 여행이 쉽습니다. 우리에겐 건강이 쉬워야 합니다.

지우다

불편하고 싫은 기억을
지우개로 지웁니다.

지우개가 작아지며
부산물을 만듭니다.

이 작고 검은 덩어리가
우릴 괴롭혔습니다.

 나쁜 기억은 마음을 검게 합니다. 연필로 지우듯 없애고 싶습니다. 지워도 흔적이 남을 거지만, 이 검은 마음을 하얗게 하고 싶습니다. 그리고 다시 새롭게 칠하고 싶습니다.

 마음이 과정에 있으면 색을 구분하려 합니다. 알록달록한 것들이 모이면 검어지는데, 경험을 쌓는 과정에 있을 땐 그걸 모릅니다. 지우기도 하고, 하얘지기도 하며 삶을 공부합니다.

 마음의 낙서를 지웠더니 지우개의 부산물이 나옵니다. 이걸 어디 버려야 하나 고민하는데, 기억은 지울 수 없습니다. 공간을 더 확보한 걸로 만족합니다. 지우개 똥 같은 기억이었습니다.

 지우고 싶은 기억이 있습니다. 무안을 당했던 일들을 지우고 싶습니다. 그 불편함이 우리에게 조심성을 가르칩니다. 불편하고 검은 기억이 우릴 보호하는 경험이 됩니다.

취하다

기분 좋게 취하려고
좋은 술을 마십니다.

많이 마시면 비싸니까
조금씩 나눠서 마십니다.

마음도 술처럼 귀해서
비싸게 취하고 싶습니다.

마음공부로 모든 감정을 다루고 싶지만, 쉽지 않습니다. 그래서 가끔 술을 마십니다. 돈을 조금 써서, 정성이 들어간 술을 마십니다. 많이 마실 필요는 없고 기분만 냅니다.

술에 담긴 정성을 생각하며 취합니다. 약재도 넣었을 것이고, 긴 시간 끓였을 겁니다. 그래서 아마 몸에는 덜 나쁠 겁니다. 건강을 위해 비싼 술을 마시니, 기분 좋게 취합니다.

우울하고 불편한 감정을 급격하게 바꾸는 게 어렵습니다. 강에 흘러든 하수처럼 그냥 흐르게 두어야 할 때가 있습니다. 기다리면 맑아질 것이지만, 가볍게 취하며 기다리기도 합니다.

몸에 좋은 것을 찾아서 먹고 마십니다. 그리고 건강이 우리 삶을 풍족하게 할 걸 기대합니다. 자극적인 경험도 가능하면 건강하고 안전하게 합니다. 그래서 좋은 걸 찾습니다.

단추

처음 잘못 끼우면
다시 풀어야 합니다.

번거롭지만
어렵진 않습니다.

삶도 그렇습니다.
다시 끼우면 됩니다.

 우리는 가끔 번거로운 걸 망했다고 생각합니다. 풀고 다시 끼면 되는데 그게 불가능하다고 생각합니다. 게으른 건 아니고 방법을 몰라서 그렇습니다. 대부분 다시 할 수 있습니다.

 불가능한 건 과거를 바꾸는 일이고, 가능한 건 미래를 바꾸는 일입니다. 꼬인 단추는 그 부분에 집착하게 만듭니다. 과거를 보며 현재를 멈추듯, 불편한 감정에 갇히면 세월을 보내게 됩니다.

 불편한 마음이 과거에서 시작됐다면, 걷어내야 합니다. 그 감정을 밀어내고 현실을 마주해야 합니다. 우리의 과거가 꼬인 단추처럼 느껴지면, 과거를 바꾸지 말고 미래를 풀어내야 합니다.

 삶의 꼬인 단추는 돌아가서 풀 수 없습니다. 대신 남은 단추가 정말 많습니다. 과거를 위해 미래를 포기할 이유가 없습니다. 하나 실패했으니, 남은 걸 잘하면 됩니다.

장난감

귀여움과 애정으로
장난감을 고릅니다.

마음의 순수함을
장난감으로 표현합니다.

마음속 어린아이가
장난감을 반깁니다.

지금 보면 장난감은 별거 없는데, 어릴 땐 참 좋았습니다. 순수함에서 나오는 상상력이 장난감을 살아있다고 믿게 했습니다. 다만, 지금 우리는 순수함으로 상상을 믿기엔 많이 검습니다.

순수하지 않은 대신에 순수했던 시절을 기억합니다. 장난감을 보고 살아있다고 믿는 대신에 그때의 감각을 떠올립니다. 아이였던 기억도 떠올려 보고, 장난감 자체에 매력을 느끼기도 합니다.

우리 마음의 기억이 어린아이를 위한 공간을 남겼습니다. 장난감을 보면 귀엽고 갖고 싶은 마음입니다. 더 많은 기억에 밀려서 점점 작아지지만, 경험하고 남아있는 감정입니다.

순수함을 떠올리는 도구로 장난감을 봅니다. 과거의 기억을 떠올리며 어두운 마음을 위로받습니다. 조금 답답하고 비효율적이지만 이것도 휴식의 한 방법입니다. 귀여운 건 좋습니다.

해롭다

건강을 잃게 하는 건
해롭습니다.

몸과 마음의 균형이
해로움으로 무너집니다.

다치고 약해지게 만들면
그건 해롭습니다.

싫은 것은 주관적입니다. 마음에 좋으면 좋은 것이고 싫으면 싫은 겁니다. 해로운 것도 같습니다. 건강을 망치면 해롭고, 건강에 도움이 되면 이롭습니다.

잠을 방해하는 모기는 마음에 해롭습니다. 건강을 망치는 술과 담배는 애매합니다. 마음은 그걸 좋아하는데 몸에는 그게 해롭습니다. 그래서 기준을 균형으로 바꿉니다.

가끔 적당히 하는 자극은 괜찮습니다. 조절할 수 없는 자극이 해롭습니다. 너무 큰 감정도 결국 해롭고, 너무 큰 자극도 결국 해롭습니다. 조절할 수 없는 것도 해롭습니다.

잔뜩 취해서 즐거움 속에서 헤엄치고 싶습니다. 세상이 아무리 좋아져도 삶은 언제나 의미를 만들고 남기고 싶어 합니다. 그래서 이로운 걸 가까이합니다. 의미 있게 살아야 합니다.

무의미한

집착을 덜어내려고
의미를 없앱니다.

의욕을 내기 위해
의미를 붙입니다.

욕심은 열정이고
만족은 건전함입니다.

집착이 강할 땐 그 대상을 멀리합니다. 덜 생각하고, 덜 가까이합니다. 대상을 위한 시간을 계속 줄이며 집착도 줄입니다. 멀어지면 집착도 줄어듭니다.

의욕이 없을 땐 의미를 만듭니다. 더 가까이하고, 더 많이 생각합니다. 연구하는 마음으로 몰입합니다. 마음을 가득 채워서 행동으로 이어지게 합니다.

욕심이 지나치면 집착이지만, 적절할 때는 의욕이 됩니다. 만족도 너무 과하면 무기력해집니다. 적당한 욕심으로 의욕을 내고, 적당한 만족으로 집착을 줄여야 합니다.

자극이 너무 많은 세상입니다. 만족하는 마음이 어려워서 비우는 연습을 많이 하게 됩니다. 적절히 욕심을 내고, 안 되는 일엔 만족해야 합니다. 욕심을 없애면 안 됩니다.

바다

강들이 규모를 자랑하다가
바다에 들어갑니다.

멋진 강들이
바다와 하나가 됩니다.

바다는 모든 걸 담습니다.
포용이 바다의 능력입니다.

사람은 홀로 성공할 수 없어서 성장할수록 큰 무리에 들어가게 됩니다. 직원도 그렇고, 사업가도 그렇습니다. 처음엔 주도권을 가지고 뭔가를 해보려고 하다가, 나중엔 큰 무리에 들어갑니다.

능력 있는 사람이 어딘가에 소속되는 모습이 아쉽게 보일 수도 있습니다. 더 큰 대상과 경쟁하고 다치는 것보다, 그 무리에 들어가는 게 좋습니다. 뺏기지만 않으면 됩니다.

경쟁하는 마음을 넘어서면 더 큰 무리를 만들기 위해 다른 이들을 받습니다. 어딘가에 소속되는 것만큼 다른 사람을 포용하는 일이 어렵습니다. 큰 무리를 이룬 건 그가 그만큼 큰 겁니다.

가진 게 작을 때는 작은 실수나 실패에도 예민합니다. 그만큼 사람도 고릅니다. 그 과정을 다 거쳐서 커졌다면 그 집단엔 좋은 인재들이 많은 겁니다. 부딪히지 말고 합류해야 합니다.

쳇바퀴

햄스터가 쳇바퀴를 돌리듯
우리 삶도 굴러갑니다.

매일 똑같아도
우린 점점 적응합니다.

햄스터에겐 더 좋은 쳇바퀴가
우리에겐 더 좋은 조건이 옵니다.

삶이 지루한 순간은 항상 옵니다. 물이 끓기 전에 조용한 것처럼 기다림이 마음을 초조하게 합니다. 햄스터의 쳇바퀴처럼 돌고 돌아도 제자리인 기분이 듭니다.

달리는 햄스터가 건강해지는 것처럼 일상에 적응하는 우리도 건강해집니다. 스트레스가 줄어들고 다른 걸 시도할 여유가 생깁니다. 그 시기가 지루할 수 있지만, 기회를 잡을 시기입니다.

우린 사람이어서 적응하고 여유가 생기면 더 좋은 걸 찾게 됩니다. 직장에서 승진이 될 수도 있고, 남는 시간으로 연애할 수도 있습니다. 지루함이 여유를 주는 걸 기억해야 합니다.

삶은 항상 일인칭이어서 객관화가 어렵습니다. 지도 보듯이 골라야 하는데 그게 어려워서 경로를 이탈하기도 합니다. 지루할 때는 작전을 다양하게 짜면 됩니다. 그만두거나 튀어 나가면 안 됩니다.

살다

존재를 선택할 자유가
우릴 살게 합니다.

삶을 선택할 수 없어서
부당함을 견딥니다.

오늘도 삽니다.
살 자유를 갖고 삽니다.

모든 사람에겐 살 자유가 있습니다. 환경과 조건이 변수를 만들 뿐입니다. 우린 사는 걸 고를 수 있어서, 삶을 고르지 못하는 부당함을 견딥니다.

부러운 삶을 계속 봅니다. 작아지는 기분이 듭니다. 그 기분을 가지고 커지는 노력을 합니다. 마음이 아파도 시도하고, 실패해도 다시 도전합니다. 그렇게 삽니다.

사는 건 그 자체로 많은 의미를 갖습니다. 감각도 있고 느끼는 경험도 있습니다. 권리가 적고 의무가 많습니다. 부당한 걸 알아도 삶은 사는 재미가 있습니다.

많은 이들이 행운과 구원을 바랍니다. 그 마음도 사는 이에게 주어지는 자유입니다. 너무 큰 믿음이 현실의 눈을 가리지 않길 바랍니다. 그래도 사는 건 재밌습니다.

굽다

세월이 무거워서
등이 굽었습니다.

열심히 살았는데
굽은 모습을 놀립니다.

최선을 다했습니다.
그래서 굽었습니다.

 모든 사람이 노화를 경험합니다. 그 과정에서 얻은 게 저마다 다르지만 나이 들면 외모에 나타납니다. 주름이 많아지고 몸의 기력도 떨어집니다. 늙으면 약해집니다.

 열심히 산 과정을 외모만 보고 판단하면, 모든 노인은 열심히 살지 않았습니다. 모든 삶을 존중해서 늙은 모습도 존중합니다. 어떻게 살았는진 모르지만, 열심히 살았을 겁니다.

 우리의 열정도 시간이 지나면 늙을 겁니다. 열심히 하는 우리 모습을 젊은이들이 얕잡아 볼 수도 있습니다. 등이 굽은 열정은 젊을 때와 같지만, 평가가 달라질 겁니다.

 모든 노력을 존중합니다. 결과엔 환경과 운의 영향이 있어서, 못해도 존중합니다. 존중하는 마음으로 겸손함을 배웁니다. 이 힘과 열정도 결국 굽을 겁니다.

울다

아무도 없는 방에서
울어 봅니다.

이유 없는 감정을
쏟아냅니다.

기분을 바꾸려고 울었습니다.
다른 이유는 없습니다.

 가끔 이유 없이 울고 싶을 때가 있습니다. 슬픈 영화를 보고 싶은 것처럼, 특별한 이유가 없습니다. 마음에 감정이 많이 쌓여서 물청소합니다. 눈으로 나오는 겁니다.

 어른이 되니 슬퍼도 울지 않습니다. 울고 싶은 마음보다 해결할 이성이 앞섭니다. 그렇게 울 상황이 반복되고 안 울면, 물청소가 필요해집니다. 울 때가 된 겁니다.

 남들이 보면 안 되니까 안 보이는 곳에서 웁니다. 술 마시고 자다가 울기도 하고, 가만히 있다가 울기도 합니다. 그렇게 마음에 고인 것들을 쏟습니다.

 우는 모습이 창피하지만, 남들이 모르면 그만입니다. 안 보이는 곳까지 참을 필요는 없습니다. 필요하면 조금 쉬면 됩니다. 쉬는 방법이 다양한 것이니, 울어도 됩니다.

안목

평가로 아파할까 봐
보는 기준을 바꿉니다.

마음을 기준으로
좋은지 아닌지 봅니다.

내 마음으로 평가하고
상대 마음에 맞춰 말합니다.

 다른 이를 평가하는 일이 쉽습니다. 노력의 과정은 빼고 결과만 놓고 객관적으로 봐주면 됩니다. 쉽게 한 평가가 우리에게 돌아옵니다. 우리에게 상처받은 이가 우리를 평가합니다.

 보는 기준을 바꿉니다. 객관적인 건 다른 사람이 하고, 우린 마음으로 평가합니다. 장단점이 잘 보여도 우리가 느끼기에 어떤지를 보고, 상대가 느끼기에 나쁘지 않은 말을 합니다.

 노력의 과정이 길어서 결과를 본인이 압니다. 객관적인 걸 원한다면 해줘야 하지만, 그 평가로 우리가 스트레스를 해소하면 안 됩니다. 그럼 결국 돌려받습니다.

 말을 할 때 돌려받을 걸 고려합니다. 좋게 말해도 나쁘게 듣는 사람이 있어서 상대에 맞게 이야기합니다. 듣는 이를 존중하는 습관이 우릴 존중받게 합니다. 평가는 조심해야 합니다.

윤곽

다 보이지 않아서
윤곽만 잡습니다.

쉬운 것부터 천천히
하나씩 합니다.

윤곽부터 잡으면 됩니다.
쉬운 것부터 하면 됩니다.

 과제가 있으면 구상부터 합니다. 이리저리 생각하면서 연구합니다. 그 과정으로 윤곽을 잡습니다. 쉽고 익숙한 일은 바로 하면 되지만, 어려운 일은 고민해야 합니다.

 막연할 때는 대략적인 것부터 합니다. 생각은 빠르고 자유로워서 계획이나 접근법을 다양하게 고민할 수 있습니다. 그다음에 하나씩 해보면 됩니다. 시행착오를 줄이고, 부담도 줄입니다.

 전체적인 모양이 없는 상태에서 디테일부터 그릴 순 없습니다. 뛰어야 할 거리를 모르는데 속도부터 낼 수도 없습니다. 계획을 짜며 대략적인 파악을 해야 합니다.

 빠르게 자주 변하니 구상하는 법을 잊었습니다. 차분하게 전체를 보고 실무에 들어가야 합니다. 계획 없이 뛰어들면 길을 잃습니다. 그러면 처음부터 다시 해야 합니다. 오래 걸릴 겁니다.

비만

먹을 게 풍부해서
몸에 저장했습니다.

몸은 한계가 있어서
더 담으면 아픕니다.

더 먹고 싶지만
아껴 먹으려고 합니다.

맛있는 것도 많이 먹으면 탈이 납니다. 좋은 것도 지나치게 가까이하면 불편합니다. 몸의 비만처럼 마음에도 비만이 있습니다. 뚱뚱하지도 않고 홀쭉하지도 않은 정도를 유지해야 합니다.

좋은 음식을 먹을 때 몸에서 더 먹으라는 자극이 옵니다. 먹는 속도가 빠르면 그만 먹으라는 신호가 오기 전에 잔뜩 먹게 됩니다. 마음에 좋은 것도 같아서, 좋은 건 급하게 취하면 안 됩니다.

경쟁이 익숙하다 보니 좋은 건 선착순입니다. 그 습관이 우리에게 좋은 걸 급하게 대하도록 만듭니다. 완급 조절이 어려워서 조급하면 과하게 됩니다. 조절이 어렵습니다.

얻을 기회가 많으니 좋은 걸 보고 천천히 대했으면 합니다. 질리기 전에 잠깐 쉬고, 너무 배부르기 전에 잠깐 쉬었으면 합니다. 몸에 한계가 있고, 마음에도 한계가 있어서 그렇습니다.

극적인

끝을 본 것 같지만
다시 처음입니다.

한 번으로 끝이 안 나서
계속 반복합니다.

극적인 경험은 익숙해집니다.
결국은 위험해집니다.

 청소년 때는 자주, 청년 때는 종종, 장년에는 드물게 극적인 순간이 찾아옵니다. 이때 깊이 영향받으면 그 순간을 계속 찾아다니게 됩니다. 초식동물이 육식동물을 찾아다니게 됩니다.

 극적인 건 평범하지 않습니다. 평범의 기준이 우리에게 있어서, 예상하지 못했거나 감당하지 못할 때 극적인 느낌을 받습니다. 자극적이고 흥분되지만, 위험합니다.

 마음공부가 차분함을 따라가는 것은 극적인 걸 피하기 위함입니다. 쉽게 갈 수 있는 건 쉽게 하고, 조용히 처리할 수 있는 건 조용히 해야 합니다. 자극적이고 눈에 띄는 건 위험합니다.

 마음이 건강해지는 체험을 한다면 그것도 극적인 기분을 받습니다. 대부분 상황에서 이성적이고, 어려운 상황에서도 지혜롭습니다. 사자 입에 머리를 넣는 건, 언제나 위험합니다.

평화

모양이 저마다 달라서
마음에 부딪힙니다.

매일 바라는 평화는
소소하게 무너집니다.

일상은 시끄러워도
일생은 평화롭습니다.

 평화로운 삶은 기준에 따라 다릅니다. 작게 부딪히고 크게 부드러우면 됩니다. 작은 부딪힘은 계속 더 작게 만들고, 큰 부드러움도 더 작은 부드러움으로 채우면 됩니다.

 전체를 돌아보면 평화로울 겁니다. 지난 일이기에 적당히 덮어둘 수 있습니다. 매일, 매 순간 평화롭지 않은 대신에 그 마음에 집착하지 않으면 전체의 삶은 평화롭습니다.

 과거에 집착해서 마음이 시끄러워지면 평화가 깨집니다. 작은 건 작게 흘려보냅니다. 큰 건 부드럽게 피해 가면 됩니다. 돌아가서 고치려는 건 위험합니다. 지난 일은 두어야 평화롭습니다.

 작은 순간에 평화가 깨집니다. 이걸 고치려고 마음을 쓰면 그다음의 평화를 놓치게 됩니다. 조금 여유롭고 느긋해도 좋습니다. 지난 것들은 대부분 평화롭습니다.

손을 잡다

마음에 있던 의심이
손을 잡고 없어집니다.

많은 말 대신에
악수합니다.

의심을 내려놓고
만나서 인사합니다.

만나지 못할 때 생각이 많아집니다. 이걸 나쁘게 이용할 때도 있고, 상황이 어려울 때도 있습니다. 헤어짐이 길수록 관계가 나빠집니다. 상대가 거부하지 않으면 악수로 해결되는 경우가 많습니다.

안 만나주는 사람은 두어야 하지만, 만나겠다고 하면 만나는 것도 좋습니다. 눈에 안 보일 때는 풍부하고 자극적인 상상들이 눈앞의 상대를 인식하면 사그라듭니다.

의심과 불안이 우릴 오해하게 합니다. 쉬운 걸 어렵게 하고, 부딪힐 걸 돌아가게 합니다. 만나는 건 시도하는 것과 같습니다. 이런저런 생각으로 힘을 빼지 않는 겁니다.

몸으로 경험하고 나면 쉬운 것이 있습니다. 어려운 상대도 오랜 시간 같이 있다 보면 익숙해집니다. 싫은 사람도 그렇고, 어려운 일도 그렇습니다. 해보면 쉬워질 때가 많습니다.

위치

사람이 여럿 모이니
높고 낮음이 생깁니다.

혼자일 땐 가장 높다가
많을 땐 복잡해집니다.

낮아도 괜찮습니다.
그래도 소속감이 낫습니다.

혼자 있는 시간이 길어지면, 우린 그 공간의 왕이 됩니다. 다른 사람과 있으면 이것저것 신경 써야 하는데, 혼자 있으면 편합니다. 높고 낮음이 싫어서 혼자 있게 됩니다.

경쟁을 배제할 수 있다면 혼자 지내도 좋습니다. 언젠가 소속감이 필요해진다면 미리 경험하는 게 좋습니다. 높고 낮은 걸 구분하고 에너지가 아까워도, 소속감을 강하게 느끼면 재밌습니다.

소속감이 생기고 나면 불필요한 시행착오가 줄어듭니다. 안 되는 것과 되는 것의 구분이 빨라집니다. 혼자 하는 일보다 팀으로 하는 일의 힘이 더 좋습니다.

위치를 나누고 우리가 밑인 경우가 싫습니다. 참고 인내하면 위로 가는 걸 알아도, 혼자 있고 싶습니다. 모두의 마음이 그렇습니다. 그래도 사람은 사람 사이에서 살아야 합니다.

시험

만족하며 살고 싶은데
세상이 자꾸 평가합니다.

시험이라는 이름을 달고
종이 한 장으로 평가합니다.

평가받아도 좋습니다.
나는 내가 좋습니다.

 긴 시간 해온 노력이 한 시점에서 평가됩니다. 시험이기도 해서 꼼꼼하게 과정을 평가하기도 합니다. 모든 분야가 아닌 한 부분에서 점수를 받습니다. 감히 우리를 평가합니다.

 평가가 낮아도 실망하지 않습니다. 게으른 대신 재밌게 놀았고, 억울한 대신 배움이 있습니다. 우린 이 모습이 좋은데, 세상이 자꾸 채찍질합니다. 그래서 마음이 흔들립니다.

 마음이 있다면 열심히 했을 거고, 하기 싫었으면 안 했을 겁니다. 싫어서 안 했고, 그래서 평가가 안 좋다면, 받아들입니다. 우리가 결정한 겁니다. 우린 좋은 평가 대신 즐거움을 골랐습니다.

 열심히 해도 평가가 나쁠 때가 있습니다. 노력과 재능과 결과가 서로 친하지 않아서 그렇습니다. 세상은 객관적이지만 우린 우릴 주관적으로 봅니다. 다음에 잘하면 됩니다. 괜찮습니다.

스쳐 가다

바람이 지나가듯이
인연도 스쳐 갑니다.

미련이 스치지 않고
바람을 잡으라고 합니다.

보낼 때 같이 보냅니다.
미련도 스쳐 갑니다.

 지나는 걸 잡지 않아야 새로운 것이 옵니다. 그걸 알아도 보내기 아까운 게 생깁니다. 손에 쥐고 놓고 싶지 않은 게 생깁니다. 미련이 바람을 잡으라고 합니다. 손에 쥐면 공기 한 줌이 남습니다.

 우리 곁에 남지 않는 건 떠나는 이유가 있습니다. 그걸 잡으려면 상대에 맞춰서 우릴 바꿔야 합니다. 미련이 그렇게 우릴 속입니다. 다 고쳐도 떠날 이는 떠나는데, 고치면 안 떠난다고 합니다.

 보낼 때 보내주어야 합니다. 고칠 게 있다면 그 대상을 쫓아가며 고칠 필요는 없습니다. 사람이라 실수했고 그가 우릴 용서할 수 없을 뿐입니다. 아쉬움이 없이 떠났다면 잡을 수 없습니다.

 추운 날 따듯한 바람이 우릴 스쳐 갑니다. 이 온기를 잡으려 집착해 봅니다. 어려운 일입니다. 잠깐 따듯했던 걸로 만족합니다. 추운 날도 결국 따듯해질 겁니다.

붙잡다

떠나는 버스를 따라가며
붙잡아 봅니다.

달리는 호흡이
판단을 두근거리게 합니다.

뛰어 보고 정합니다.
놓쳤습니다.

살짝 늦었을 때 버스가 우릴 얼른 떠납니다. 아쉬워서 뜁니다. 잡을 때도 있고 그냥 갈 때도 있습니다. 버스가 떠날 땐 그냥 보냅니다. 다음 버스가 오는 걸 알고, 기사가 멈추지 않는 걸 압니다.

쫓는 과정엔 생각이 어려워집니다. 뛰면서 생각하는 게 원래 어렵습니다. 심박수가 오르고 머리에 피가 빨리 돌기 시작하면 깊은 생각이 안 됩니다. 뛸 때는 무리하지 않아야 합니다.

놓쳤다면 인정해야 합니다. 귀찮아도 뛰었는데, 더 뛸 수는 없습니다. 끝까지 뛸 일이라면 미리 왔을 겁니다. 운이 나빴을 수도 있고 게을렀을 수도 있습니다.

떠나는 걸 붙잡는 게 재밌을 수도 있습니다. 급해서 두근거리는데 그걸 재미로 느낄 수도 있습니다. 시도는 좋지만, 집착은 나쁩니다. 붙잡아 봤다면 버스를 보내야 합니다.

날아가다

두 발은 땅에 있어도
마음은 날아갑니다.

몸은 불편하고 답답해도
마음은 가볍게 합니다.

걸어 다니는 삶이어도
마음은 날아다닙니다.

 삶의 속도가 다른 걸 느낍니다. 걸어가는 사람, 자전거 탄 사람, 차 타고 가는 사람이 다릅니다. 많은 이들이 앞질러 가면 화나기도 하고 답답하기도 합니다.

 속도가 느린 대신 더 꼼꼼하게 봅니다. 걸어가는 대신 사고도 덜 납니다. 속도로는 못 이기지만, 마음은 더 여유롭습니다. 운이 좋으면 얻어 타겠거니, 합니다.

 모두가 속도로 경쟁한다면 여유로 특별함을 얻습니다. 빨리 가다 지친 이들이 걷는 이를 찾아올 겁니다. 오면 태워달라고 이야기하고, 천천히 보며 느낀 걸 나눠봅니다.

 몸은 답답해도 마음은 여유로울 수 있습니다. 우리 발이 땅에 붙어있어도 지친 사람에겐 이 모습도 부러울 수 있습니다. 저마다의 불편함이 있어서, 누군가는 우릴 부러워할 겁니다.

스스럼없는

오래 본 사이여서
편하게 대합니다.

오랜 시간 동안
서로를 알아서 그렇습니다.

이제는 스스럼이 없어야
서로에게 예의입니다.

오래 보고 친해진 사이에는 알게 모르게 공유된 것들이 있습니다. 그게 긴 시간 쌓이면 알게 된 걸 모른 척하는 것도 불편해집니다. 그래서 친한 척합니다. 그게 예의가 됩니다.

친할수록 더 조심하고, 오래 볼수록 더 친하게 대합니다. 많이 알고 나면 조심할 것이 많아집니다. 더 오래 보기 위해 더 친한 척하고 더 조심합니다.

격식을 차리는 예의만큼 형식이 없는 친함이 어렵습니다. 우리의 관계가 오래되어서 지루함을 피하려고 연습합니다. 서로 친분을 나누고 실수는 하지 않으려 노력합니다.

오래 본 사람들이 많아지고 그 친함 속에 숙련된 예절이 담겼으면 합니다. 친하고 실수가 없어서 더 오래 봤으면 합니다. 어렵지만 쉽게, 친하지만 조심히 합니다.

가능성

확률이 있다는 애매함이
사람을 고생하게 합니다.

타고난 운 외에는
모두 실력입니다.

타고나지 않은 운은
없는 운입니다.

확률로 판단해야 하는 일이 가장 어렵습니다. 확률은 대부분 이분적으로 결과가 나뉩니다. 얻지 못하면 잃어서 어렵습니다. 확률 대신에 쉬운 것과 어려운 것으로 나눕니다.

어떤 일이 쉬워 보이면 확률 대신 확신합니다. 그건 그 사람의 타고난 운입니다. 어떤 일이 어려워 보이는데 애매하면 그건 고생할 일입니다. 타고나지 않은 건 확률에 기대지 않습니다.

고생해야 한다면 미리 알고 들어가야 합니다. 요행을 바랐는데 고생하게 되면 너무 힘듭니다. 운도 실력이어서, 될 일은 쉬워 보입니다. 쉬워 보이는 일은 금방 늡니다.

가능성이 우리에게 희망을 줍니다. 그 애매함이 고문이 되기도 합니다. 될 일은 쉬워 보입니다. 쉬워 보이지 않으면 열정이 강하게 일어나기도 합니다. 둘 다 없는 경우는 안 되는 겁니다.

여행

익숙한 여행을 합니다.
익숙함에서 새로움을 찾습니다.

마음이 지쳐서
새로운 걸 멀리합니다.

쉽고 편한 걸 찾습니다.
휴식의 여행입니다.

환상은 경험을 통해 익숙해집니다. 여행과 쇼핑도 그렇습니다. 처음엔 새롭고 즐거운데, 금방 익숙해집니다. 더 새로운 여행이나 더 비싼 쇼핑을 고민하다가, 익숙한 걸 찾기로 합니다.

노는 경험이 많아지니 새로운 게 점점 줄어듭니다. 자극으로 얻는 휴식이 어려워지니 익숙한 걸로 쉬게 됩니다. 익숙한 산책로, 오래된 장난감으로 쉬게 됩니다.

세상 여행이 익숙해질수록 여행의 방식이 변합니다. 정해진 일에는 정해진 에너지가 필요합니다. 자극은 소비가 돼서 무디게 쉽니다. 전원을 끄듯이 조용히 쉬게 됩니다.

마음에 들어있는 것이 많을수록 조용히 여행하게 됩니다. 마을엔 문화와 사람이 있고, 그들은 모두 사는 일에 집중합니다. 어딜 가던 사람이 있습니다. 그래서 집에서 쉬게 됩니다.

운명

안 되는 걸 알아서
노력만 합니다.

속이거나 뺏지 않습니다.
안 되는 건 안 됩니다.

내 모습을 알고 인정해서
억지를 부리지 않습니다.

돈이 여유로울 때는 잘 나눠주고 잘 뭉칩니다. 작은 손해도 쉽게 채울 수 있어서 속이거나 뺏는 일이 적습니다. 반대로 여유롭지 않을 때는 더 가져야 하고 갈라지게 됩니다.

상황이 어려울 때는 속이는 삶으로 태어난 것 같습니다. 의식주가 급해서 그렇습니다. 어렵고 힘들어도 정직하게 하는 이유는 그런 행동을 하면 소속감이 계속 약해져서 그렇습니다.

우리 모습을 인정하는 게 어렵습니다. 창피하기도 하고 부럽기도 한 상황이 마음을 힘들게 합니다. 운명을 믿진 않지만, 운이 나쁘다면 받아들입니다. 운으로 우리 모습을 바꾸진 않습니다.

부당한 일은 계속 반복됩니다. 운처럼 잠시 겪기도 하고, 운명처럼 긴 시간 겪기도 합니다. 운이나 운명과 상관없이 우리 모습을 지키려고 노력합니다. 성실하게 노력하려고 합니다.

가시

뾰족한 가시로
나를 보호합니다.

가시도 내 모습입니다.
뺏으면 안 됩니다.

이게 유일한 무기입니다.
존중해줘야 합니다.

 장미의 줄기를 정리하면서 가시를 다 자릅니다. 예쁜 모습은 남기고 흉한 모습은 지웁니다. 보는 이는 좋지만 당하는 이는 괴롭습니다. 더 약해져서 그렇습니다.

 강하고 튼튼하면 아름답지 않아서 날카롭고 뾰족하게 보호합니다. 나름의 고민과 노력으로 결정했는데 모르는 사람이 와서 이걸 제거합니다. 방어가 안 되면 마음이 예민해집니다.

 방어를 불편하게 하는 사람이 있습니다. 그 모습을 고쳐주고 싶지만 그대로 둡니다. 그 사람의 가시가 그 사람이 선택한 제일 좋은 방어여서 그렇습니다.

 상대의 모습을 존중하는 일이 어렵습니다. 찔리면 우리가 다치는데, 멀리할 수 없는 상황도 있습니다. 두꺼운 쿠션이 필요합니다. 상대는 가시로, 우린 쿠션으로 방어합니다.

탄산

마음이 답답해서
음료를 마십니다.

탄산이 입안에서 놀며
마음을 풀어줍니다.

배에 공기가 차다가
호흡과 함께 가라앉습니다.

기분전환을 위해 마실 걸 찾습니다. 너무 달면 몸에 안 좋아서 탄산을 마십니다. 하고 싶은 말이 탄산과 입안에서 놉니다. 답답한 마음이 뱃속에서 부풀어 오릅니다.

몸에서 느끼는 작은 재미로 마음을 품니다. 마음이 감정을 가라앉히기 어려워서 탄산으로 터뜨립니다. 답답함이 탄산과 함께 터집니다. 마음도 풀어진다고 상상합니다.

마음을 다스리려고 노력해도 안 되는 일은 항상 생깁니다. 그럴 때는 요령을 씁니다. 걷거나 먹거나 하며 생각을 다른 방향으로 돌립니다. 시간을 잠깐 끌어주면 물속의 흙처럼 가라앉습니다.

답답함은 화가 됩니다. 화를 터뜨리고 싶은데 이성은 정확해서 절제합니다. 막혀 있는 마음을 탄산으로 뚫어줍니다. 몸에서 일어나는 반응으로 마음도 그럴 거라고 상상합니다.

부활

삶은 두 번이 없어서
항상 노력합니다.

이 이후는
고민하지 않습니다.

우리의 미래는
삶 안에 있습니다.

부활이 있다면 두 번이 있게 됩니다. 다음에 잘하려는 마음은 항상 우리를 게으르게 합니다. 느려지는 것과는 다릅니다. 그래서 다음이 없다고 생각합니다. 지금 열심히 합니다.

미래로 미루는 습관은 우리를 약하게 합니다. 지금의 편리를 위해 미래의 우리에게 짐을 미루면, 미래의 우리는 그만큼 과부하가 걸리고 약해집니다. 그래서 다음은 없다고 생각합니다.

숙제를 미루는 일도 사람을 게으르게 합니다. 삶을 미루는 일은 더 위험합니다. 다음의 삶은 없습니다. 그렇게 믿고 나름의 속도로 노력합니다. 실수와 게으름이 가득 쌓이면 실패하게 됩니다.

다음이 있게 되면 쉽게 타협합니다. 그래서 없다고 믿습니다. 할 수 있는 능력 안에서 노력하고, 문제가 생기면 피하지 않고 인정합니다. 다음이 없어서 그렇습니다.

7°

인정하고 이해해주는 마음이 사랑이 되는 시와 글

장갑

재주가 많은 손을
장갑으로 보호합니다.

조금 둔하고 답답해도
안전하게 합니다.

편리한 손을 위해
잘 보호합니다.

손이 중요한 걸 알지만 바쁘거나 지치면 손을 막 쓰게 됩니다. 로션을 안 바르기도 하고, 거친 물건을 잡을 때 그냥 잡기도 합니다. 편리한 만큼 예민한 손이어서 잘 보호합니다.

편리한 대상을 보호하면 편리함이 줄어듭니다. 장갑 낀 손이 맨손보다 둔합니다. 땀이라도 나면 장갑은 더 불편해집니다. 그래도 손을 오래 써야 하니 따듯하고 안전하게 보호합니다.

편리한 사람도 손과 같습니다. 우리에게 잘해주는 사람은 우리에게 잘 맞춰줍니다. 그 사람은 우리를 잘 파악하고 있고 우리의 필요에 예민하게 반응합니다. 그래서 쉽게 상처받기도 합니다.

손과 같은 사람을 만나면 이용하려는 마음을 줄입니다. 상처받고 떠날 수 있어서 잘해주려고 합니다. 더 편리해질 수 있지만 배려합니다. 그 사람도 편해지고 싶은 마음이 있어서 그렇습니다.

오염

손에 묻은 걸 보고
마음이 불편해집니다.

닦으면 그만인데
느낌은 안 닦입니다.

기분 탓입니다.
씻으면 씻깁니다.

바퀴벌레를 만진 것처럼, 찝찝할 때가 있습니다. 손으로 잘 닦아도 남는 기분이 있습니다. 손이 오염된 것 같고 마음이 불편해집니다. 기분 탓인 걸 알아도 기분이 불편합니다.

여러 번 씻으면 물리적으로 깨끗한 걸 압니다. 알아도 계속 닦습니다. 몸은 닦았지만, 마음엔 시간이 필요해서 그렇습니다. 머리로 깨끗한 걸 알았다면, 마음으로는 느긋하게 씻으면 됩니다.

지저분한 대상도 자주 경험하면 익숙해집니다. 대상이 뭐든 익숙하면 마음은 불편하지 않습니다. 손은 빨리 씻어야 하고, 마음은 천천히 씻어야 합니다. 조급해지면 상상이 풍부해집니다.

시간이 갈수록 세상이 깨끗해집니다. 과학적으로 청결합니다. 우리 마음은 지식으로 입력할 수 없어서 예민합니다. 마음은 이해하고 받아들일 시간이 필요합니다.

연구

어려운 일에 몰두해서
방법을 찾습니다.

해결한다는 의지로
안 되는 걸 되게 합니다.

고민하고 연구합니다.
그렇게 방법을 찾습니다.

 인정할 것과 부딪힐 걸 구분하는 게 어렵습니다. 연구해서 파고들어야 하는지, 결과만 보고 포기해야 하는지 판단하기 어렵습니다. 중요한 일이면 객관적으로, 아니면 주관적으로 정하면 됩니다.

 이론으로 알기 어려운 감이 있습니다. 경험이 생기면 될지 안 될지를 감으로 압니다. 될 일은 연구하고 고민해서 확실하게 하고, 안 될 일은 가볍게 포기하기도 합니다.

 마음을 정했다면 열심히 합니다. 일단 부딪혀 봐도 좋고, 천천히 생각해 봐도 좋습니다. 시간과 정성이 들어가면 점점 가까워집니다. 닿을 만해서 뻗어 봅니다.

 다음 사람을 위해 연구하기도 합니다. 안 되는 걸 알아도 할 때 남을 위한 마음으로 합니다. 나의 실패가 우리의 성공으로 이어지는 연구입니다. 연구는 언제나 즐겁습니다.

창고

언젠가 쓸 물건을
창고에 넣습니다.

필요할 때 꺼내려고
잘 기억합니다.

조금 더 넓으면 좋지만
이걸로 충분합니다.

다양한 이유로 물건을 보관합니다. 좋아서 보관하기도 하고, 필요해서 보관하기도 합니다. 욕심과 필요가 많아지면 창고가 더 필요합니다. 너무 넓으면 기억하기 어려워서 이걸로 만족합니다.

마음이 가기 시작하면 필요하지 않아도 갖고 싶습니다. 쓸 일이 없어서 곁에 두기엔 애매하고, 생각날 때마다 보고 싶습니다. 이 마음으로 창고에 보관합니다. 많이는 안 필요합니다.

미리 보관할 때도 있습니다. 필요한데 당장은 아니어서 보관합니다. 희소성이 있는 것만 미리 사서 보관하고, 나머진 필요할 때마다 구매합니다. 많이는 안 필요합니다.

재산을 모으는 것이 우리 모습입니다. 시대가 변할수록 보관 방법이 달라집니다. 물건을 보관하지 않고 화폐를 보관합니다. 언제든 구매할 수 있어서 필요할 때만 삽니다.

재료

당장은 가치가 없지만
손을 거치면 됩니다.

재료는 주인을 기다립니다.
작품이 되길 기다립니다.

지금은 기다리지만
훌륭하게 변할 겁니다.

아이에게 많은 기대를 하듯이 가공되지 않은 건 기회가 있습니다. 경험과 트라우마가 없고, 성장하고 변할 수 있습니다. 가공하는 번거로움이 있지만, 가능성에 기대하게 됩니다.

어른이 되어도 원석으로 남아있기도 합니다. 변화할 시간과 에너지가 부족해도, 나아질 수 있습니다. 다른 부분도 같습니다. 자기 모습을 몰라서 헤매는 경우가 많습니다.

어른이 된 우리 모습에 실망합니다. 더 나아질 수 없다고 믿습니다. 우리 스스로는 나아질 수 없지만, 누군가 우리를 알아보면 가능합니다. 어린 시절처럼 원석이 될 수 있습니다.

우리의 모습 중 어떤 부분은 더 나아질 수 있습니다. 나이가 많고 시간이 없어도 변할 수 있습니다. 자신을 좀 더 좋아해도 됩니다. 아직 발견되지 않았을 뿐입니다.

혼자

주변의 소리를 없앱니다.
혼자의 시간을 갖습니다.

사람이 없는 공간에서
고독으로 쉼을 얻습니다.

숨소리가 들립니다.
호흡도 들리는 고독함입니다.

 조용한 공간이 필요해집니다. 시끄럽고 신나는 음악보다는 아무 소리가 없는 공간을 찾습니다. 사람도 없는 조용한 방에서 가만히 있습니다. 그렇게 쉽니다.

 일은 사회와의 소통이어서 일로 얻은 피로는 조용하게 풀어야 합니다. 밤에 자는 것도 그렇습니다. 낮에 자는 게 애매하면 조용히 있어 봅니다. 숨소리도 들리는 조용함입니다.

 조용함에 익숙해지니 고독함이 됩니다. 외로운 느낌도 들고 잡념도 많아집니다. 이 고독함에 휴식을 입히면 됩니다. 떠오르는 생각은 가볍게 둡니다. 필요하면 생각날 겁니다.

 조용한 공간에선 몸의 감각이 예민해집니다. 호흡도 몸으로 느껴집니다. 그렇게 가만히 있으면 분주하게 움직일 힘이 돌아옵니다. 그래서 휴식은 혼자 하게 됩니다.

구하다

나아지길 바라는 마음으로
좋은 걸 찾아다닙니다.

돕기 위해서
원하는 게 생깁니다.

돕고 싶은 마음으로
얻으러 다닙니다.

누군가를 돕고 싶을 때 그 사람을 위한 좋은 마음이 생깁니다. 상대가 나아지길 바라는 마음이 우리에게 더 좋은 걸 찾게 합니다. 남을 위하는 마음으로 자신도 좋아지게 됩니다.

나쁜 마음은 쌓을수록 마음이 탁해집니다. 그 마음은 누군가를 미워하고, 미움을 받게 됩니다. 그 불편함이 마음을 계속 분주하게 합니다. 그래서 마음을 선하게 합니다.

선한 마음은 마음을 맑게 합니다. 상대를 잘되게 하고 상대도 우리에게 잘하게 됩니다. 다툼이 줄어드니 차분하게 가라앉습니다. 마음이 맑아야 감정도 정돈됩니다.

원하는 것이 있다면 마음을 착하게 먹어야 합니다. 악의는 우리에게도 옮습니다. 마음이 맑아야 오래가고 깊게 갑니다. 무언가를 얻으려면, 남을 살리는 마음이 있어야 합니다.

몽둥이

매가 약인 걸 알지만
폭력은 사람을 거칠게 합니다.

회초리를 귀하게 여기고
신중히 휘둘러야 합니다.

사랑으로 매를 휘두르고
약이 되길 바랍니다.

고통을 피하려는 본능이 좋은 태도와 습관을 빨리 익히게 돕습니다. 좋은 모습을 배우기 위해 폭력을 쓰니 어렵습니다. 혼내는 마음을 분풀이로 쓰면 안 됩니다.

충동을 누르기 위해 공포를 이용합니다. 돌발행동이 두려움으로 누그러집니다. 겁을 줘서 행동을 강제하는 방법은 신중해야 합니다. 사람은 영리해서 부당하면 보복합니다.

때려서 가르쳐야 하면 상대를 위하는 마음으로 해야 합니다. 자기 기분은 모두 내려놓고 그 일로만 혼내야 합니다. 남을 가르치기 위해서 마음을 항상 차분하게 해야 합니다.

나쁜 행동을 약에 쓰는 일이 어렵습니다. 남을 위한 폭력이 우리 마음을 악하게 하기도 합니다. 타인의 약을 위해 우리 마음이 악이 되지 말아야 합니다.

애쓰다

안 되는 걸 알아도
잘하려고 노력합니다.

마음이 간절해서
계속 노력합니다.

힘들어도 애씁니다.
잘하고 싶습니다.

애쓰는 마음이 고집처럼 보이기도 합니다. 방향이 맞고 정직하면 고집 부려도 좋습니다. 마음이 간절해서 행동이 나왔는데 억지로 안 할 수도 없습니다.

실패했는데 계속 도전하겠다고 하면 도울 말을 찾기 어렵습니다. 그럴 땐 억지로 안 하게 하지 않습니다. 마음에 있는 응어리가 빨리 풀어지게 그 시도를 돕습니다.

잘할 수 없는 걸 노력하고 나면 마음은 슬퍼집니다. 미련이 남아서 더 애쓰기도 합니다. 본인도 알면서 하는 거라서 말릴 수 없습니다. 스스로 돌아오길 기다려야 합니다.

결과를 인정할 수 없는 상황이 마음을 아프게 합니다. 그 상황에서 일어난 일은 뒤집을 수 없습니다. 과거를 바꾸는 마음으로 애씁니다. 어떤 마음인지 알아서 기다립니다.

깃발

여정의 상징으로
깃발을 꽂습니다.

멀리서도 보이고
돌아볼 수 있습니다.

이 깃발을 보며
다음 깃발까지 힘냅니다.

 과정이 길 때는 막연해집니다. 막연하면 의심하게 됩니다. 그래서 중간 지점에 깃발을 꽂습니다. 시작점에서 어디까지 왔는지, 앞으로 얼마나 남았는지 확인합니다.

 마지막을 향해 가면 돌아볼 대상이 필요합니다. 고속도로의 휴게소 같은 느낌입니다. 잠깐 쉬면 그만큼 손해처럼 느껴질 수 있습니다. 휴식 없는 여행은 멀리 갈 수 없습니다.

 마음으로 정한 목표가 길어서 중간 지점을 만듭니다. 완성되지 않았지만, 그동안의 과정을 평가합니다. 그리고 다시 시작하는 기분으로 출발합니다. 깃발을 기준으로 새 출발입니다.

 장거리가 가장 힘듭니다. 잠깐의 열정으로는 안 됩니다. 긴 시간 인내해야 해서 그렇습니다. 건강해야 하고 객관적인 이정표도 필요합니다. 지혜를 위한 도구가 필요합니다.

눈빛

감정이 마음을 넘어서
눈빛으로 나타납니다.

세월이 몸을 넘어서
표정으로 남습니다.

눈빛을 온화하게 합니다.
세월로 나타납니다.

 마음에 떠오른 생각을 숨기는 게 어렵습니다. 눈빛에 나타나고 그다음엔 표정으로 드러납니다. 상대가 눈치채면 실수하기도 합니다. 마음을 관리하는 게 낫습니다.

 자유롭게 생각하고 속으로만 아는 일이 어렵습니다. 그래서 마음을 편하게 합니다. 순간적인 판단이 스쳐 가도 급하게 행동하지 않습니다. 차분하게 가라앉히면 생각도 더 밑으로 가라앉습니다.

 순간의 감정으로 마음이 계속 흔들립니다. 그렇게 나이를 먹으면 남들이 봐도 알게 됩니다. 우리 모습이 그 감정에 습관처럼 물들어서 그렇습니다. 감정을 가라앉혀야 합니다.

 마음을 숨기고 속이는 일은 어렵습니다. 그래서 숨길 것이 없는 마음, 자신도 모르는 마음을 위해 노력합니다. 세월도 알려줄 수 없는 더 깊고 고요한 마음입니다.

야근

저녁에 일합니다.
해가 진 시간입니다.

회사는 여전히 환하지만
밖은 밤입니다.

나와 회사를 위해 합니다.
모두 잘되길 바랍니다.

이제는 공감하기 힘든 야근문화입니다. 더 많이 일해서 회사에도 기여하고 돈도 더 많이 가져가는 생각이 주류이던 때가 있었습니다. 개인의 삶보단 집단을 위했습니다.

마음의 행복이 자신이 아닌 밖을 향하면 소속감이 중요해집니다. 자기가 속한 회사나 가정을 위해 희생하는 일이 많아집니다. 예전엔 그 마음이 컸습니다.

무리할 필요는 없지만, 예전처럼 적극적으로 일했으면 합니다. 수당에 대한 계산도 정확해졌고 근로소득도 올랐습니다. 윗사람이 노는 모습은 싫지만, 열심히 했으면 합니다.

우리는 아주 예전부터 일했습니다. 사냥부터 농사까지 계속 이어졌습니다. 일로 에너지를 소비하고 저녁에 쉬는 게 당연하지만, 필요하다면 좀 더 해도 좋습니다.

미소

표정으로 기분을 정합니다.
얼굴에 미소를 띕니다.

기분으로 하루를 정합니다.
오늘은 웃습니다.

하루로 삶을 정해 봅니다.
힘들어도 웃어 봅니다.

좋은 습관이 좋은 삶을 돕는 것처럼, 좋은 기분으로 좋은 하루를 만듭니다. 하루가 좋을 리는 없지만, 미소로 하루를 돕습니다. 오늘은 어떨지 모르지만, 웃음으로 지내봅니다.

오늘을 정할 수 없다면, 오늘을 어떻게 대할지 정합니다. 세상을 바꿀 수 없으면 어떻게 살지 정합니다. 미래가 정해져 있다면 미래를 우리 방식대로 만납니다.

부딪히지 않을 수 없습니다. 그래서 부드럽게 부딪힐 수 있게 연습합니다. 충돌을 최소화하고 우리를 지킵니다. 상대를 바꿀 필요는 없습니다. 유연해지면 됩니다.

뻣뻣할 때는 딱딱하고 무겁습니다. 남이 부러져야 합니다. 서로의 안전을 위해 부드럽게 숙입니다. 그 연습으로 미소를 띕니다. 웃음으로 밝아지고, 부드럽게 부딪히고 지나갑니다.

부탁

너무 간절해 보이지 않게
너무 성의 없지 않게 합니다.

필요한 게 있으니
도와줬으면 합니다.

부탁하는 마음으로
상황이 나아졌으면 합니다.

부탁할 일이 생기면 머리가 복잡해집니다. 체면을 너무 구기면 안 되고, 상대가 부탁을 들어주게끔 작전을 고민합니다. 언제나 좋을 수는 없어서 그렇습니다.

우리가 아쉬울 때 누군가 도와줬으면 합니다. 대신 우리도 그걸 기억하고 보답해야 합니다. 서로의 운을 돌봐주는 것처럼, 어려울 때 도움을 주고받고 싶습니다.

고개는 숙여도 너무 비굴하지 않게 부탁하고 싶습니다. 지금은 잠시 운이 안 좋은 거고, 도움을 잠시 빌렸다가 돌려주고 싶습니다. 우리의 급한 마음을 알아줬으면 합니다.

부탁할 때의 아쉬움을 알아서 상대의 부탁에 마음을 씁니다. 판별이 필요하지만, 숙이고 부탁하면 거절하기 어렵습니다. 도움을 주고받을 사람이 많아졌으면 합니다.

좌절

잘 걷고 있었는데
갑자기 주저앉습니다.

예상치 못한 어려움에
좌절합니다.

몸에 힘이 남았나 확인하고
일어나서 걷습니다.

준비된 상태에서는 대부분 견딥니다. 넘어질 때는 놀랐을 때입니다. 갑자기 휘청이면 쉽게 넘어집니다. 그렇게 당황하면 일어날 때 생각이 멈춥니다. 천천히 정신 차립니다.

넘어졌을 땐 몸이 놀라서 바로 일어나기 어렵습니다. 놀란 걸 정돈하고 몸을 확인해야 합니다. 그다음에 일어나면 됩니다. 당황한 걸 풀고 일어나면 됩니다.

일도 똑같습니다. 예상치 못한 실수가 생기면 침착하게 해결하면 됩니다. 작은 사건이 우릴 놀라게 했습니다. 작아서 안 보였으니 차분하게 확인하고 해결하면 됩니다.

우리는 종종 작은 걸로 놀랍니다. 그 작은 걸 키우지 않고 잘 수습하려고 노력하면 됩니다. 작은 상처를 잘 살피고, 못 본 건 가볍게 일어나면 됩니다.

대화

상대에 대한 상상이
대화로 확인됩니다.

말은 의도를 담고
서로의 마음을 확인합니다.

말이 안 통할 수 있습니다.
마음이 막히면 그렇습니다.

 만나기 전엔 많은 상상을 합니다. 나쁜 상상, 좋은 상상이 이리저리 섞입니다. 만나서 대화할 땐 생각이 정리됩니다. 상대가 말한 의견으로 상상의 번짐이 정리됩니다.

 상대가 우릴 만나기 전에 준비를 많이 해올 수도 있습니다. 가벼운 말을 건네기 전에 상대를 먼저 살핍니다. 서로의 준비가 어긋나지 않게 천천히 대화합니다.

 말이 안 통할 때도 있습니다. 의견이 안 맞고 감정이 상할 수 있습니다. 서로의 마음이 안 맞아서 그렇습니다. 아쉽지만 더 이상 생각하지 않아도 됩니다. 다른 상상을 해도 됩니다.

 만나서 대화하면 진행이 빠릅니다. 만나기 전에 준비하고 만나서 확인합니다. 만나는 걸 피하면서 생각을 너무 많이 하지 않습니다. 준비하는 일과 만나는 일을 다 해야 합니다.

무한하다

오직 마음으로만
무한함을 경험합니다.

공허함도 그렇습니다.
마음으로만 가능합니다.

그 거대함을 경험해야
마음을 조정할 수 있습니다.

마음이 비어있어서 마음을 공부합니다. 비어있는 마음을 관찰하면 마음이 넓은 걸 알게 됩니다. 너무 넓어서 알기 어려웠습니다. 넓은 걸 알았으니 다양하게 채워봅니다.

상상하며 풍부하게 생각합니다. 몸을 지나는 공기와 심장의 박동도 느껴봅니다. 그 감각들을 다 마음에 담습니다. 음식이나 활동도 담아보고 가만히 있는 모습도 담습니다.

담는 노력을 많이 하면 마음이 더 넓어집니다. 그 경험이 무한한 감각을 느끼게 합니다. 모를 땐 헤맸지만, 알면 편합니다. 공허함은 마음이 넓어서, 그리고 담을 게 많이 남아서 느낍니다.

우리 몸은 물리적으로 제한되어 있습니다. 이 제한 안에서 더 많은 가능성을 만나려고 마음을 공부합니다. 가장 좋은 컨디션을 위해 건강을 공부합니다.

펜

기록을 통해
기억을 돕습니다.

손에 맞춰서
생각을 느리게 합니다.

펜으로 생각을 정돈합니다.
기록으로 생각을 발견합니다.

생각이 빠르게 스칩니다. 빨리 생각하고 많이 생각할 때는 기억이 안 나기도 합니다. 속도도 줄이고 기록도 할 겸 펜을 잡습니다. 손은 느리게 기록하고 생각은 차분히 정돈합니다.

마음에 너무 많은 생각이 들어오면 잡다해집니다. 그 속도를 줄이고 좋은 걸 고르려고 손으로 적습니다. 느리지만 차분하게 기록합니다. 휘날리던 생각이 손을 통해 남습니다.

좋은 건 불처럼 태우면 안 됩니다. 마음에 담아두고 긴 시간 품어야 합니다. 생각이 발전되어서 지혜로 남을 수 있게 정성을 들여야 합니다. 시간이 필요한 일입니다.

급할 때 심장이 두근두근합니다. 몸이 빨라지면 실수합니다. 몸은 느리게 하고 생각만 집중합니다. 가장 효율적인 속도를 찾아서 몸에 맞춥니다. 그렇게 글을 씁니다.

털어놓다

오늘 일을 털어놓습니다.
하루의 고난을 말합니다.

매일 똑같지만
오늘은 조금 달랐습니다.

매일 같은 말을 털어놓습니다.
나날의 일이 새롭습니다.

 사회에 소속되면 같은 일이 반복됩니다. 지루한 일과 복잡한 사람들이 계속 반복됩니다. 그 일을 계속 털어놓다 보면 같은 말을 하는 우리 모습을 발견합니다.

 말을 반복하면서 연구하고 학습합니다. 누군가 들어주고 위로해주는 것도 좋고, 말하면서 생각을 계속 이어가는 것도 좋습니다. 매일 똑같고 같은 말을 반복해도 나아질 겁니다.

 전날 말하며 연구했으니 오늘은 다르게 시도해봅니다. 털어놓는 말에 작은 변화를 줍니다. 시간이 흐르면 달라져 있을 겁니다. 매일 봐서 티가 안 날 뿐입니다.

 이야기를 들어주는 일이 중요합니다. 말을 해야 해소되고, 말하면서 곱씹습니다. 되새김해야 기억하고 나아집니다. 매일 같아 보여도 매일 새로울 겁니다. 연구를 많이 하니 잘 될 겁니다.

여유

가진 것이 적어서
선택을 망설입니다.

넘치게 가졌다면
고민하지 않습니다.

환경이 여유를 만듭니다.
넘쳐야 여유롭습니다.

 지갑이 얇아지면 소비를 망설입니다. 선택이 어려우니 더 따지게 됩니다. 여유롭지 않을 땐 마음이 작아집니다. 작아지는 환경에서 여유가 필요하니 마음공부가 어렵습니다.

 가진 것이 넘쳐서 여유로운 이를 봅니다. 마음이 좁아도 지갑이 두꺼우면 인심이 좋습니다. 부러움으로 배웁니다. 안과 밖이 모두 건강해야 공부가 빨라집니다.

 마음이 건강해야 여유롭고, 몸이 건강해야 마음의 여유를 맞춰줍니다. 없이 살면서 남을 돕기가 어려워서 열심히 살고 많이 벌려고 노력합니다. 어렵습니다.

 많이 가져도 몸이 아프면 예민합니다. 지갑이 두꺼워도 마음이 좁으면 사람들이 멀리합니다. 가지면 좋고 없으면 아쉽지만, 몸과 마음은 항상 건강하기 위해 노력합니다.

피아노

끊어진 음들이
울리면서 이어집니다.

단절로 정확하게 하고
가공으로 부드럽게 합니다.

피아노 연주를 듣습니다.
분리된 연결을 듣습니다.

 피아노를 들으며 건반의 두드림을 생각합니다. 음 사이의 분리된 느낌이 울리면서 부드러워집니다. 손가락은 건반을 누르고 피아노는 그 음을 다음 음과 연결합니다.

 부드러운 건 정확할 수 없습니다. 끊어야 정확합니다. 정확하게 부드러워야 해서 피아노는 음을 공명시켜서 다음 음까지 기다립니다. 분리된 음들이 그렇게 이어집니다.

 피아노 연주를 듣습니다. 정확하면서 부드러운 음악이 마음에 들어옵니다. 우리의 판단도 이렇게 분리되면서 연결됐으면 합니다. 정확하게 이어지는 판단을 하고 싶습니다.

 이성과 감성의 연결이 어렵습니다. 객관적인 건 주관적일 수 없습니다. 티 나지 않게 자연스러운 연결을 노력합니다. 피아노처럼 아름다운 연주를 연습합니다.

늦가을

공기가 얼기 시작합니다.
옷차림도 둔해집니다.

거리가 반짝이고
밤도 길어집니다.

늦은 가을에
겨울을 시작합니다.

 가을이 끝날 즈음에 겨울이 옵니다. 차가운 공기가 피부에 닿고 뱉는 호흡이 하얗게 보입니다. 여름의 온기가 다 식고 가을의 시원함도 없어집니다. 늦은 가을이 겨울을 부릅니다.

 찬 날씨를 밝은 전구로 위로합니다. 몸은 차도 마음은 환합니다. 길고 추운 밤을 환한 빛으로 위로합니다. 옷을 더 많이 입어서 둔해진 몸으로 빛을 봅니다. 그렇게 위로받습니다.

 가을에 거둔 열매가 많지 않은데 벌써 겨울입니다. 기다리면 봄이 오는 걸 알아도, 맞이할 겨울이 깁니다. 날이 춥고 마음도 춥습니다. 옷이 두꺼워서 그런지 몸도 둔합니다.

 마음에 겨울이 오면 늦가을을 생각합니다. 두껍게 입고 밤거리를 구경했는데, 겨울엔 춥습니다. 늦가을의 풍경을 잘 담아둡니다. 겨울에 잘 숨어있으려고 가을에 많이 봅니다.

칭찬

듣기 좋은 말을 듣고
의욕을 냅니다.

작은 착각으로
일이 진행됩니다.

칭찬이 좋습니다.
착각하고 싶습니다.

 칭찬에 과장이 섞인 걸 알아도 칭찬이 좋습니다. 지적을 많이 받으면 무기력해져서 그렇습니다. 좋은 말을 듣고 좋은 기운을 얻습니다. 에너지가 좋아야 일이 잘됩니다.

 하다 보면 되는 일들이 의외로 많습니다. 지적받고 움츠러드는 것보다 일단 해보는 게 더 좋습니다. 상대의 칭찬으로 착각해도 계속 진행하면 의외로 되는 경우가 생깁니다.

 지적받고 혼나는 것보다 칭찬받고 열심히 하고 싶습니다. 우울하고 무기력한 것보다 힘을 내서 잘하고 싶습니다. 착각이어도 좋습니다. 칭찬이 필요합니다.

 좋은 말이 좋은 에너지가 됩니다. 정확하게 지적하는 것만큼 의욕을 올려주는 일이 중요합니다. 하기 싫은 상황이 되면 그대로 중단입니다. 멈추지 않는 게 중요합니다.

두부

부드러운 두부가
속을 편하게 합니다.

몸이 안 좋을 때는
두부를 먹습니다.

힘이 나진 않지만
몸이 편안합니다.

좋은 음식은 먹기에도 좋습니다. 먹고 나서 배부르거나 잠이 심하게 오는 음식은 속을 불편하게 합니다. 맛있어도 먹고 나면 거북할 때가 있습니다.

컨디션에 따라 먹으면 됩니다. 몸이 좀 안 좋을 때는 기름지지 않은 음식을 먹고, 허기질 때는 기름진 음식을 먹으면 됩니다. 배 아플 때는 두부가 좋습니다.

식습관을 정해놓으면 질리거나 몸에 안 맞습니다. 풀만 먹을 수도 없고 고기만 먹기도 좀 이상합니다. 몸을 잘 관찰하고 그날의 컨디션에 맞게 먹습니다.

건강을 위해 먹는 걸 신경 씁니다. 정해진 규칙은 없지만, 몸의 상태에 따라 다르게 먹습니다. 먹어보고 고민하면 자기 몸에 맞는 식사 요령이 생깁니다.

예리하다

집중하면 예리해집니다.
예리함이 습관이 됩니다.

집중이 일상이 됩니다.
예리함이 예민함이 됩니다.

집중으로 주변이 다칩니다.
둔해질 줄도 알아야 합니다.

집중해야 일이 진행됩니다. 공부도 그렇고 일도 그렇습니다. 집중 없이 성과를 내는 건 어렵습니다. 잘하려고 집중했는데, 오래 집중하고 나면 집중이 안 풀립니다.

집중이 길어지면 지칩니다. 에너지가 부족하고 쉽게 짜증을 냅니다. 무언가를 위해 집중하듯이 쉬기 위해 이완되어야 합니다. 요가의 마지막에 누워있듯이, 가만히 쉬는 법을 익혀야 합니다.

일하고 쉬는 걸 매일 반복해도 균형이 안 맞을 때가 많습니다. 어떨 땐 무기력하게 게으르고, 어떨 땐 예민해서 쉽게 화냅니다. 자신을 잘 관찰하고 균형을 잡아야 합니다.

정확할수록 날카롭습니다. 펜도 그렇고 마음도 그렇습니다. 베이면 다치니 조심해야 합니다. 뭉툭한 고무로 덮어도 좋습니다. 도구를 다루듯이 집중도 관리해야 합니다.

동물

동물은 바보처럼 보이는데
깊은 감정을 표현하기도 합니다.

부족하다고 못 느끼지 않습니다.
생명이라 감정이 있습니다.

동물을 보며 고민합니다.
동정하기도 하고 계산하기도 합니다.

 귀여운 동물을 보며 마음을 위로합니다. 그렇게 위로를 받으면 동물을 도와주고 싶습니다. 동정심이기도 합니다. 이 마음을 동물이 눈치챕니다. 슬퍼집니다.

 인형은 마음껏 좋아할 수 있습니다. 알면서도 아쉬워서 동물을 찾습니다. 동물을 좋아하는 마음이 커지면 키우고 싶어집니다. 인형은 사서 두면 되는데, 동물은 그렇지 않습니다.

 사람을 좋아하는 일만큼은 아니지만, 동물을 좋아하는 일도 어렵습니다. 위로받은 만큼 고민하게 됩니다. 동물의 귀여운 외모와 우리 마음 안의 공감하는 능력이 우릴 고민하게 합니다.

 생명을 키우는 일이 어렵습니다. 잠깐 보는 것과 같이 사는 게 달라서 그렇습니다. 동물을 좋아하는 마음으로 인생을 공부합니다. 키우던, 아니던 경험으로 배우게 됩니다.

자라는

자라는 아이를 보며
마음을 키워 봅니다.

마음은 아직 젊어서
아이에게 영감을 받습니다.

순수함으로 마음을 키웁니다.
더 자랄 수 있습니다.

자연에서 배울 게 있다면, 아이에게서도 배웁니다. 의심 없는 순수함을 배우고, 더 나아가려는 열정을 배웁니다. 의심하지 않아서 머뭇거리지 않고, 순수해서 진행부터 합니다.

몸은 빠르게 나이 먹어도 마음은 젊습니다. 욕심이 계속 나기도 하고, 더 성장하려는 마음이 항상 있습니다. 젊은 시절의 열정을 떠올리며 아이를 봅니다.

마음이 맑아야 자랄 수 있습니다. 돋보이는 마음은 흐트러지게 됩니다. 그 대상에 깊게 집중할 수 있어야 오래 성장할 수 있습니다. 세상을 모르는 아이에게서 맑은 순수함을 배웁니다.

잘 살려면 탁해져야 하고, 성장하려면 맑아져야 하니 삶은 어렵습니다. 어려운 걸 잘 배워서 더 나아지려고 합니다. 순수하면서 때 묻은 마음을 연습합니다.

겨울 꽃

추운 날에 꽃을 피우니
고집이 엄청납니다.

여린 꽃잎으로
찬 바람을 받아냅니다.

한순간을 피고 진다면
가장 주목받게 피고 집니다.

 겨울은 모두가 움츠러듭니다. 모두가 아니라고 할 때 옳다고 고집부리는 것처럼, 겨울에 꽃을 피웁니다. 끝이 분명하지만 주장합니다. 아픔과 괴로움도 잊는 고집입니다.

 고집 있는 사람은 둔하지 않습니다. 예민하게 반응하고, 꼭 해야 한다고 강하게 꽂히면 겨울에 꽃을 피웁니다. 지혜롭지는 않지만, 용기는 있습니다.

 한순간 짧고 굵게 살면, 오래 살았을 때 문제가 생깁니다. 이미 지치고 다쳤는데 더 살아야 하면 가늘고 길게 사는 사람보다 더 가늘어져야 합니다. 겨울에 핀 꽃은 겨울에 져야 합니다.

 뻣뻣한 대나무처럼 주장을 굽힐 수 없을 때가 있습니다. 겨울에 꽃피울 건지, 참고 봄을 기다릴 건지 정해야 합니다. 봄 날씨는 시원하면서 따듯합니다. 햇빛도 좋습니다.

이념

정의는 이념이 되고
이념은 벽이 됩니다.

정의로 심판하는 일이
이념으로 배척하는 일이 됩니다.

마음이 부드러워야 합니다.
세상의 색은 다양합니다.

재능 있는 젊은 사람은 정의를 조심해야 합니다. 어른은 청년을 누를 때 자신의 정의를 주장합니다. 그렇게 꺾이면 청년은 긴 시간을 헤매게 됩니다.

옳고 그름이 중요하지 않은 상황이 많습니다. 적당히 넘어가면 부드러울 때도 많습니다. 특정한 시선에 강하게 집착하면 그 마음이 정의가 됩니다. 그렇게 집단이 되면 이념이 됩니다.

마음을 부드럽게 하고 다양한 모습을 인정합니다. 가장 지켜야 할 것만 잘 보호합니다. 우리 삶이 건강하고 상대가 우리 건강을 망치지 않았다면, 이해합니다.

고집이 정의가 되고 정의가 모여 이념이 됩니다. 다 그렇진 않습니다. 자주 보게 되는 모습입니다. 우리가 힘을 가졌을 때 이런 식으로 젊은 사람을 배척하면 안 됩니다.

논쟁

주장을 강화하려고
말을 빨리합니다.

말이 많아지니
약점도 많아집니다.

차분하게 합니다.
한 번에 맞춰야 합니다.

화살을 마구잡이로 쏩니다. 하나 걸리겠지 하는데, 상대가 그 화살을 주워서 다시 쏩니다. 말을 많이 하는 건 이렇습니다. 상대의 말할 기회를 없앨 수 있지만, 상대는 항상 듣고 있습니다.

가장 좋은 문장을 적으려고 노력하는 것처럼 가장 전달이 잘 될 말을 고릅니다. 여러 말이 필요하지 않고 서로의 시간이 허비되지 않게 합니다. 안전하게 말합니다.

마음에 흥분이 일어나면 횡설수설합니다. 말에도 마음공부가 필요합니다. 차분하게 말해야 합니다. 느긋하게 말해도 좋습니다. 머리로 다 관찰하고 판단하면 됩니다.

급할 땐 뛰게 됩니다. 그 동작의 느낌이 말로 나옵니다. 뛸 때는 여유로운 판단을 놓칩니다. 말도 그렇습니다. 몸은 급해도 마음은 차분해야 합니다. 어렵지만 해야 합니다.

8°

미래를 위해 미련을 사랑하는 시와 글

실력

하나의 화살보다
백 개의 화살이 강합니다.

더 많은 화살을 위해
더 많은 이익을 추구합니다.

명분은 잠시 내려놓습니다.
실력을 위해 참습니다.

소설에서 도박하는 장면이 나올 때 자주 등장하는 문구가 있습니다. '총알이 부족하다.'입니다. 도박은 뭘 하던 잘못이지만 삶에선 돈이 많아야 유리합니다.

투자할 때도 돈이 충분하면 다양하게 시도할 수 있습니다. 삶도 돈이 많으면 쉬워질 부분이 많습니다. 그래서 돈에 집착합니다. 열 개의 화살보다는 만 개의 화살이 좋습니다.

돈에 집중하면 사람이 작아지는 걸 압니다. 그래도 생활을 위해서 돈을 벌어야 합니다. 숙이기도 하고 부탁하기도 하면서 부지런히 돈을 법니다. 화살이 실력이니 참아야 합니다.

돈을 충분히 쌓으면 대부분 문제가 쉽게 해결됩니다. 세상이 그런 걸 우리가 부정할 수 없습니다. 마음을 공부하며 처음 모습을 지키고, 더 큰 건강을 위해 부지런히 돈을 법니다.

칠하다

작품의 완성으로
색을 입힙니다.

색칠한 작품이
눈에 띕니다.

모든 색을 잘 소화하려고
모양에 집중합니다.

 모델이 좋으면 어떤 옷을 입어도 좋습니다. 마음이 좋다면 어떤 이론을 만나도 좋습니다. 건강한 마음은 교리나 철학을 객관적으로 봅니다. 밖에서 구원을 찾지 않게 됩니다.

 마음을 잘 가꾸고 세상에 맞춰서 색칠합니다. 종교도 좋습니다. 마음 한 곳에선 분명하기에 그 무리에 들어가도 문제가 없습니다. 길을 잃지 않는 어른이 됩니다.

 무엇을 마주해도 좋은 상태를 추구합니다. 흔들림이 없고 항상 차분합니다. 그 마음이면 다 괜찮습니다. 열심히 몸을 관리하듯이 마음을 관리합니다. 마지막에 색칠합니다.

 마음은 무채색입니다. 흰색이기도 하고 검은색이기도 합니다. 흰색과 검은색을 자유롭게 바꿀 수 있어서 마음이 무한합니다. 너무 넓어서 다른 이론으로는 이걸 채울 수 없습니다.

잔디밭

넓고 트인 공간에서
먼 곳을 봅니다.

눈에 걸리는 것이 없고
마음도 시야를 따라 합니다.

탁 트인 마음이 좋습니다.
마음이 잔디를 따라 합니다.

마음이 답답할 때 멀리 보이는 공간을 찾습니다. 먼 곳을 보며 마음도 멀리 봅니다. 답답한 마음으로 가득했던 짜증이 시선을 따라 흩어집니다. 넓은 마음이 됩니다.

마음은 환경의 영향을 받습니다. 공간이 답답하면 마음도 답답해집니다. 화가 날 때는 공간을 바꾸는 것도 좋습니다. 시선이 멀리 뻗어나가면 마음도 눈을 따라 합니다.

마음이 언제나 트였으면 합니다. 열어놓으면 닫히는 마음을 보며 고민합니다. 계속 열어두는 것이 어려우니 닫힌 걸 여는 연습을 합니다. 어려운 상황이 오면 잠시 닫았다 열면 됩니다.

눈에 걸리는 것이 없는 잔디밭을 보며, 우리 삶도 걸리는 것이 없었으면 합니다. 잘 가꾼 잔디밭에 잡초가 자라는 것처럼 삶에 걸리는 것은 항상 생깁니다. 예방하고 고치면 됩니다.

메모장

다 기억할 수 있지만
잠시 쉬려고 적습니다.

손의 속도에 생각을 맞춥니다.
메모가 생각을 느리게 합니다.

생각을 쉬는 것이 어려워서
메모하며 느리게 합니다.

기록은 오래가는 대신에 작성도 오래 걸립니다. 일을 빨리하기 위해 메모를 생략합니다. 머리에 이것저것 담아서 부지런히 하다 보면 금방 지칩니다. 가끔 빼먹기도 합니다.

느리게 일하려고 메모합니다. 빨라진 생각을 메모로 느리게 합니다. 간단하게 적고 손의 움직임에 생각도 맞춥니다. 글씨는 예쁘지 않지만, 그 움직임에 맞춰서 차분해집니다.

마음이 뜻대로 움직이지 않을 땐 행동으로 조절합니다. 생각이 너무 빠를 땐 손으로 적습니다. 이해와 구상으로 빨리 움직이던 생각을 손으로 잡아둡니다.

급할 때 차분해야 하고, 여유로울 때 부지런해야 합니다. 잘 기억하면서 창의적이어야 합니다. 쉬운 걸 좋아하지만 어려운 걸 계속 시도합니다. 어려운 걸 쉽게 하고 싶습니다.

타오르는

불로 각인한 것처럼
마음에 강하게 꽂힙니다.

잔불이 남은 것처럼
마음이 뜨겁습니다.

젊음은 뜨겁습니다.
따듯해져야 합니다.

잘하려는 마음으로 실수합니다. 돌아보고 배워야 하는데 의욕이 앞서면 같은 실수를 또 합니다. 뜨거우면 타게 됩니다. 배워야 하는데 기억도 타오릅니다.

쉽게 흥미를 느끼고 금방 실망합니다. 불이 강하게 붙으면 다 태워서 잔불을 남깁니다. 그 불도 뜨거워서 다시 조절합니다. 온기만 남기고 끈기 있게 배웁니다.

경험이 없고 힘이 넘치면 쉽게 속습니다. 자기 마음에 속기도 하고 유혹에 넘어가기도 합니다. 그 경험을 쌓는 일로 나이를 먹습니다. 젊을 때 차분하면 유리합니다.

젊음을 태우기엔 그 기간이 너무 중요합니다. 그래서 자꾸 차분하게 누릅니다. 틀린 건 주의 깊게 배우고, 다시 할 때는 신중하게 합니다. 열정을 잘 조절합니다.

돌아오는

욕심이 들다가
다시 차분해집니다.

깊이 빠졌다가
다시 돌아옵니다.

건강한 마음이
삶을 지켜줍니다.

건강은 변하지 않는 단어입니다. 욕심에 마음을 뺏겨도 마음이 건강하면 다시 돌아옵니다. 몸에 좋지 않은 습관도 건강을 생각하면 돌아옵니다. 건강이 삶에서 중요합니다.

달을 보고 여행하는 것처럼, 이정표가 있으면 돌아올 수 있습니다. 지금 하는 일이 잘 풀리는지, 우리를 너무 무리하게 만들지는 않는지 생각하면 방향을 알 수 있습니다.

기준을 항상 건강에 둡니다. 복잡한 이론과 생각을 쉽게 정리합니다. 지도해주는 사람이 필요하지만, 효율적입니다. 균형이 맞으면 건강하고, 치우침이 심하면 건강하지 않습니다.

시작을 위해 마음을 정했는데, 돌아올 일을 걱정해야 합니다. 우리 모습을 지키기 위해 기준을 정합니다. 건강하면 언제나 우리로 남을 수 있습니다. 그래서 건강해야 합니다.

근원

건강하게 시작하고
건강하게 마무리합니다.

몸과 마음의 기준을
건강에 둡니다.

한 단어로 살아갑니다.
건강하게 삽니다.

 몸에 좋은 운동도 욕심이 심하면 다칩니다. 시작하는 마음이 좋아야 진행과 끝도 좋습니다. 의도가 나쁘면 태도도 나빠집니다. 반대로 자세를 보면 마음이 보입니다.

 어려운 상황에서 무리한 시도로 경험을 쌓으면 다칩니다. 쉽고 오래가는 방법을 고민합니다. 속도가 조금 느려도 무리하지 않습니다. 다치면 탈락하게 됩니다.

 지식이 너무 많으면 실전에서 혼란스럽습니다. 명확하고 쉽고 적절해야 합니다. 애매한 도구가 많은 것보다 자주 쓰는 하나의 도구가 낫습니다. 건강하면 다양하게 시도할 수 있습니다.

 우리가 자연과 친하다면 진리도 쉬워야 합니다. 건강하게 잘 살면 됩니다. 진행과 끝이 건강하지 않으면 잘 살 수 없습니다. 성실한 마음으로 쉬운 걸 잘 찾아서 해야 합니다.

속삭이는

섬세한 말로
작게 이야기합니다.

필요한 감정과
내용만 전달합니다.

작은 소리로
간결하게 말합니다.

다툼이 생기면 목소리부터 높이는 사람이 있습니다. 예전엔 그 자리에서 결정해야 하는 경우가 많았지만, 이젠 필요한 내용만 확인하면 됩니다. 큰 소리로 따지지 않아도 됩니다.

말을 많이 하면 그 내용 중에 실수가 생깁니다. 더 정교한 문장을 연습할 수 있지만 많이 말하는 것만큼 필요한 내용을 정돈해서 말하는 실력도 중요합니다.

핵심을 짚는다면 불필요한 설명이 안 필요합니다. 기선제압도 안 필요합니다. 감정을 소모해서 지칠 일도 줄어듭니다. 작은 소리여도 간결하고 정확하면 됩니다.

완력으로 제압하는 시대가 지났습니다. 문제가 생기면 상황에 맞춰서 따져보면 될 일입니다. 겁을 줄 필요도 없고, 겁먹을 이유도 없습니다. 차분하게 살 수 있는 시대입니다.

담 넘어

속상하지 않게
담을 만듭니다.

벽보단 낮은 담으로
거리를 둡니다.

너머로 보이지만
넘어가지 않습니다.

배운 사람들은 종종 간섭받기 싫어합니다. 자기 생각이 풍부하고 그걸 존중받길 원합니다. 의외로 작은 부분까지 그렇습니다. 예민해서 벽을 만들면 상대가 상처받기도 합니다.

거리를 두고 싶은데 완전히 막으면 오해가 생깁니다. 높이를 낮춰서 담을 만듭니다. 눈으로는 보이고 넘어갈 수는 없는 담을 만듭니다. 벽보다는 낮고, 바닥에 선을 그은 것보다는 높습니다.

거리를 두는 요령이 중요합니다. 불편한 상황에 계속 노출되면 결국 예민해집니다. 개성을 존중받고 같이 살 수 있는 유연함으로 담을 만듭니다. 눈으로만 넘고, 몸으론 넘지 않습니다.

세상 사는 일은 요령이 중요합니다. 지식이나 글로는 배울 수 없는 부분을 영리하게 익혀야 합니다. 과학이 발달해도 중심은 사람입니다. 사람은 요령이 필요합니다.

사소하게

멀리 뛰기 어려워서
걸어갑니다.

큰 건 어려워서
사소하게 합니다.

하나씩 합니다.
작게 여러 번 합니다.

일을 진행할 때 나오는 큰 실수 중 하나는 크게 점프하려고 하는 모습입니다. 시간을 길게 갖고 하나씩 해야 사고가 없는데, 대부분 한 방에 해결하려고 합니다.

크게 한 방을 휘두르면, 빗맞았을 때 휘청이게 됩니다. 중심이 무너지고 넘어지면 일어날 때 지칩니다. 공부도 그렇고, 투자도 그렇습니다. 크게 덤비면 크게 다칩니다.

쉬운 일로 경험을 쌓았다면, 단계를 올릴 때도 조심스러워야 합니다. 거칠게 하면 실패할 확률이 높습니다. 경쟁하는 상대가 우릴 차분하게 관찰하고 있어서 그렇습니다.

로또와 같은 삶을 꿈꿉니다. 대박이 나서 의무는 없고 권리만 있는 삶을 바라기도 합니다. 그 마음도 욕심이어서 세상이 그렇게 쉽게 허락하지 않습니다. 차분하게 노력해야 합니다.

떨어지는

온도가 차분해지는 가을에
낙엽이 집니다.

낙엽엔 이름이 없어서
가을엔 잎이 떨어집니다.

이름 없는 삶도 떨어집니다.
느리고 길게 떨어집니다.

하나의 낙엽은 한 번만 떨어지지만, 우리는 낙엽의 이름을 모릅니다. 볼 때마다 잎이 떨어지니, 가을엔 낙엽이 내려옵니다. 여름이 식는 가을엔 낙엽이 집니다.

열정이 가득한 젊음이 식으면 평범한 삶을 바라게 됩니다. 나무에 붙어 있는 많은 잎 중에 하나처럼, 자연의 흐름처럼 살다가 가는 삶을 바라게 됩니다.

세상에 의미를 남기는 일은 어렵습니다. 어려운 걸 하면서 고통받는 게 힘들어지면, 가늘고 길게 살고 싶어집니다. 가을에 지는 많은 낙엽 중 하나와 같아지고 싶어집니다.

틈새를 노려서 성공하는 마음은 욕심입니다. 정해진 길로 가야 하는데 샛길로 가면 상처가 많아집니다. 무리한 노력은 젊음이 지날 때 고통으로 돌아옵니다.

떠오르는

차분한 마음에
돌을 던집니다.

진흙이 올라옵니다.
연못이 어두워집니다.

혼란함을 잠시 즐깁니다.
그리고 차분해집니다.

산이나 강으로 여행을 가면 마음이 자연을 닮습니다. 그 닮음의 기간이 짧아서 사회와 자연을 오가게 됩니다. 마음이 항상 맑으면 좋은데, 맑음과 탁함을 병행하게 됩니다.

사회를 떠나서 자연으로 들어가면 마음이 계속 맑을 거라는 기대가 생깁니다. 마음은 자연을 닮아서 맑아지지만, 문제가 생기면 분명히 또 탁해집니다.

혼란함은 항상 찾아오는 감정입니다. 이걸 삶에서 없애는 것은 불가능합니다. 어지러워지면 치우면 그만입니다. 완벽하게 깨끗한 방은 우리에게 도움이 되지 않습니다.

다시 맑아지는 연습이 중요합니다. 계속 맑음을 유지하려는 마음이 욕심입니다. 완급을 조절하듯이 문제가 생기면 해결하는 능력을 길러야 합니다. 문제를 피하는 건 좋지 않습니다.

잊고 있는

기억하고 있지만
잊은 채로 삽니다.

불편한 건 어려워서
그대로 둡니다.

굳이 가까이하지 않습니다.
거리를 두고 있습니다.

집단에는 평균적인 모습이 있습니다. 완벽한 모임은 없습니다. 자유롭게 소통하고 이동할 수 있으니 필요한 부분에 맞는 모임을 찾아가면 됩니다. 불편한 모임에 마음 쓰지 않아도 됩니다.

타인을 바꾸는 일이 어렵습니다. 다른 이가 불편하면 바꾸기보다는 그대로 두게 됩니다. 잘 사는 기준이 우리에게 있어서 남을 무리하게 끌어들이지 않아도 됩니다.

다른 사람과 맞춰가는 과정이 사회에 적응하는 과정입니다. 완벽한 적응을 추구하지 않아도 됩니다. 적당히 필요한 부분만 채워도 좋습니다. 거리를 두고 머리에서 잊어도 됩니다.

운동선수는 체육관에서 운동해야 합니다. 놀이터에서 훈련하면서 그 공간을 고칠 필요는 없습니다. 유연하게 판단하면 됩니다. 불편한 건 조금 멀리해도 됩니다.

흐릿하게

선명한 경험이
흐릿한 기억이 됩니다.

분명한 일들이
희미한 기억이 됩니다.

잔상을 보고 떠올립니다.
채도를 조절합니다.

기억과 기록에 익숙해지면, 한순간도 놓치기 싫은 마음이 생깁니다. 모든 순간을 기록하고 싶지만, 노력에 비해 얻는 것이 작습니다. 선명한 기억과 흐린 기억으로 나누게 됩니다.

 선명한 기억이 많아도 시간이 지나면 흐려집니다. 사진이나 기념품이 그 일을 떠올리게 도와줍니다. 과거를 잡으려 노력하면 삶이 과거에 매이게 됩니다.

 그림을 그리듯이 기억도 그립니다. 어떤 기억은 선명하고, 다른 건 흐립니다. 우리 마음에 작품을 만들 듯이 강약을 조절합니다. 그렇게 마음은 편하게 합니다.

 흐린 건 잊힙니다. 그 상실이 우릴 불안하게 합니다. 무언가를 잊었다면 다른 걸 채운 겁니다. 두려워하지 않아도 됩니다. 흐린 건 흐려지는 이유가 있습니다.

자라나는

온기로 시작하고
양분으로 자랍니다.

성장에 적응하면
시작을 잊습니다.

양분도 잊으면
성장이 끝납니다.

처음 시작하는 마음은 열정입니다. 어떤 일에 대한 뜻을 세우면 그 마음이 이정표가 됩니다. 초심을 잊으면 이정표를 잊게 됩니다. 처음의 의도와는 다른 방향으로 가게 됩니다.

시작하는 열정이 온기가 됩니다. 그 따듯함이 있어야 일이 진행될 수 있습니다. 그다음엔 주변의 도움이 있어야 합니다. 혼자 하는 일은 어려워서 도움이 있어야 수월합니다.

시작하는 마음을 잊으면 열정을 잊게 되고, 과정을 잊으면 도와준 사람을 잊게 됩니다. 그때 성장이 멈추게 됩니다. 처음을 기억하고 도움받은 일을 기억하는 것이 중요합니다.

대부분이 혼자 성공하는 삶을 꿈꿉니다. 사람이 모인 사회에서 자신만 성공하는 건 불가능합니다. 고립된 책상과 변화가 많은 사회가 달라서 그렇습니다.

숨기는

가면으로 가리고
감정을 숨깁니다.

옷으로 가리고
몸을 숨깁니다.

가려서 자연스럽습니다.
좋은 마음으로 숨깁니다.

 자연의 동물은 옷을 입지 않습니다. 사회의 사람은 옷을 입습니다. 사람에겐 사회가 자연이 됩니다. 기존의 자연은 사회의 일부가 됩니다. 숨기는 일이 자연스럽게 됩니다.

 우리 마음엔 다 드러내고 싶은 마음이 있습니다. 종교를 믿듯이 누군가 우리 마음을 다 알아주길 바라는 마음입니다. 각자의 방식으로 그 마음을 위로받지만, 타인에게는 그럴 수 없습니다.

 순수한 마음이 점점 영리해집니다. 숨기기도 하고 가리기도 합니다. 그 모습도 사회에선 필요합니다. 항상 아이로 남을 수 없어서 그렇습니다. 의도가 좋다면 괜찮습니다.

 사기를 치는 것과 불편한 부분을 가리는 것이 다릅니다. 약간의 가식으로 예의를 차립니다. 옷을 입는 것처럼, 불편할 수 있지만 사회가 원하는 사람의 모습입니다.

환영하는

고난을 환영합니다.
더 단단해집니다.

견디고 버티면
상황이 쉬워집니다.

쉬워질 상황을
질기게 기다립니다.

사회에서 일어나는 일들은 변화가 많습니다. 갑자기 튀어나온 어려운 상황은 갑자기 사라지기도 합니다. 다음 일을 모르기에 견딥니다. 견디고 관찰하면 그 상황은 쉬워집니다.

힘든 상황을 맞이했을 때 피하면 습관이 됩니다. 부딪혀봐도 좋은 상황들이 많습니다. 정말 위험하면 도망가야 하지만, 해볼 만하면 인내해 봐도 좋습니다.

적응으로 쉬워질 수도 있고, 성장으로 쉬워질 수도 있습니다. 경험으로 나아져서 피하는 것보다는 부딪히는 걸 권합니다. 감당할 만한 고난은 맞이해도 좋습니다.

매일의 어려움이 있지만 마주하고 잘 해결해봅니다. 참아보기도 하고 연구해보기도 합니다. 그렇게 힘든 시간을 견디고 버티면 하루가 쉬워질 날이 옵니다.

흠이 난

정교한 작품에
흠이 보입니다.

언제 생겼는지,
눈에 잘 보입니다.

흠이 일부가 됩니다.
티가 있는 작품입니다.

위생에 익숙해져서 그런지 흠이 있는 걸 못 견딥니다. 작품의 티가 있으면 망가진 걸로 느껴집니다. 시간이 지나면 자연스러울 흠입니다. 넘어가도 괜찮습니다.

우리 삶에도 흠이 있을 수 있습니다. 과거에 흠이 있고, 몸에 장애가 있을 수 있습니다. 그 흠을 안고 사는 건 우리가 작품이어서 그렇습니다. 긴 시간 좋아했기에 버릴 수 없습니다.

지금은 불편한 흠이 시간과 함께 적응합니다. 눈에 보여도 불편하지 않고, 흠이 바래면서 작품과 익숙해지기도 합니다. 긴 시간 간직할 작품이어서 흠도 이해합니다.

갈수록 완벽을 요구하는 사회입니다. 기술이 계속 발달해도 그걸 즐기는 대상이 사람이면, 어딘가 흠이 있습니다. 조금 더 너그러워도 좋습니다. 흠도 작품의 부분입니다.

종이

나무에서 나와서 그런지
종이가 차분해 보입니다.

느리고 불편하지만
종이를 사용합니다.

속도와 정확성을 두고
차분하고 깊이 있게 합니다.

 사회의 발달로 자연과 멀어집니다. 숲이나 곤충, 동물이 사람과 같이 사는 건 불편합니다. 긴 시간 동안 자연에서 배운 장점이 있어서 가끔 자연을 찾습니다.

 키보드가 빠른 걸 알아도 연필을 잡습니다. 화면이 잘 보여도 종이를 봅니다. 빛이 좀 약해서 그런지 생각과 감정이 가라앉습니다. 느려지고 불편해지면서 차분함을 얻습니다.

 효율은 합리적입니다. 기계에는 효율이 잘 맞지만 사람에겐 효율이 어렵습니다. 시간 없이 살아온 긴 기간이 있고, 과학 없이 산 기간도 길어서 그렇습니다. 효율은 언젠가 지칩니다.

 보관도 어렵고 기록도 어려운 종이가 마음을 차분하게 합니다. 조금 느려지고 조금 편해집니다. 효율이 낮지만 휴식하기엔 좋습니다. 종이의 장점입니다.

교육

삶에는 기준이 없어서
교육엔 개성이 있습니다.

제도의 틀을 배우면
개성으로 연습합니다.

둥근 개성을 배웁니다.
그런 교육을 합니다.

 배움에는 큰 틀과 작은 활용이 있습니다. 시험공부도 이론 공부와 문제 풀이가 나뉩니다. 사회가 정한 기준을 익히고 나면 그 안에서 자유롭게 활용하며 배웁니다.

 개성을 강조하면 사람이 거칠어 보입니다. 사회에 좋아할 모습으로 바꾸는 연습을 합니다. 이 과정을 교육하는 일이 어렵습니다. 사회를 잘 알고 학생도 잘 알아야 합니다.

 집단을 가르치는 일과 개인을 가르치는 일이 다릅니다. 여럿을 가르칠 때는 기준과 이론이 중요합니다. 개인을 가르칠 때는 적용과 활용이 중요합니다.

 무안을 당하는 일이 어렵습니다. 배우는 이의 도전을 받는 것도 교육의 어려움입니다. 가르치면서 배우기도 합니다. 먼저 산 사람이 감당해야 할 어려움입니다.

쿠폰

선물 대신에
쿠폰을 줍니다.

다음에 또 오라는
인사입니다.

쿠폰을 받습니다.
가끔 버리기도 합니다.

사심을 담은 선물을 건넵니다. 쿠폰입니다. 찾아온 보답으로 쿠폰을 건넵니다. 또 오길 바라는 마음입니다. 다른 선물은 오해가 생길까 봐 쿠폰을 건넵니다.

진심을 담은 선물은 사심을 담고 있습니다. 도움을 받은 일에 대한 답례이기도 하고, 친해지려는 목적이 있기도 합니다. 선물은 항상 목적이 있습니다.

다른 오해를 피하려고 쿠폰을 건넵니다. 다음에 또 와서 돈을 써줬으면 합니다. 또 오라는 인사 대신에 쿠폰을 건넵니다. 버릴 수도 있지만 순수한 목적으로 건네는 선물입니다.

선물엔 꼬리표가 없습니다. 어떤 목적으로 주는지 알기 어렵습니다. 쿠폰처럼 분명한 선물이 좋습니다. 친해지고 싶다, 또 왔으면 좋겠다, 하는 식입니다.

힐링

다칠 일이 항상 생겨서
회복이 필요합니다.

열심히 도전하고
쉬면서 회복합니다.

쉬는 법을 배웁니다.
힐링을 배웁니다.

흠이 없는 사람은 없습니다. 작은 상처가 나기도 하고 수술하기도 합니다. 다치고 나면 몸의 불편함을 느낍니다. 완벽히 나을 수 없어서 불편함을 이해하는 방법을 배웁니다.

집에만 있으면 안 다칠 수 있지만, 그렇게 살 수 없습니다. 도전하고 경험하고 다치는 일을 반복합니다. 성장하는 즐거움과 다치는 불편함이 계속 쌓입니다.

완벽한 몸에 대한 마음을 내려놓습니다. 다시 도전할 힘이 남은 것을 좋게 여깁니다. 우리의 시선이 몸을 향하지 않고 더 성장할 미래를 향합니다. 잘 쉬고 또 도전합니다.

휴식에도 목적이 있습니다. 힘을 내기 위해 쉽니다. 쉬는 자체로 기쁨을 얻지 않습니다. 쉬고 나서 얻을 힘에 집중합니다. 잘 쉬어야 힘을 냅니다. 거기에 집중합니다.

움직임

멈춤이 없어서
흘러갑니다.

이어지지 않아서
쉬기도 합니다.

멈췄다가 움직입니다.
고이지 않게 합니다.

느리게 움직여 봅니다. 멈추기도 하고 천천히 연결하기도 합니다. 멈추지 않으면 연결되고 멈추면 쉬게 됩니다. 그 모든 동작이 과거가 되면서 의미가 생깁니다.

한 가지만 계속 반복하는 걸 주의합니다. 균형이 깨질 것을 염려합니다. 부드러운 동작도 반복되면 지루해집니다. 고이지 않으려면 흐름과 멈춤을 조합해야 합니다.

의욕이 과하면 다치거나 지치게 됩니다. 오래 할 수 있는 방법을 고민합니다. 열심히 하기도 하고, 하는 듯 안 하기도 합니다. 중간에 쉬기도 하면서 계속하는 게 중요합니다.

삶은 계속 흘러가지만, 인위적으로 멈추려고 연습합니다. 그 연습으로 쉬는 법을 배웁니다. 흐름으로 고이는 걸 막기도 하고, 멈추면서 고이는 걸 막기도 합니다.

명상

맑게 유지합니다.
번잡함을 인정합니다.

자신을 관찰합니다.
부족함을 이해합니다.

조용히 움직입니다.
동작을 듣습니다.

마음이 맑아지면 시야가 길어집니다. 안개가 걷힌 풍경처럼 봐야 할 걸 세세히 보게 됩니다. 맑아진 마음엔 지울 수 없는 번잡한 모습이 있습니다. 우리가 집중해야 할 부분입니다.

답답할 땐 안 보이는 부분이 보입니다. 우리의 생긴 모습을 잘 알고 나면 잘하는 것과 못하는 것을 인정하게 됩니다. 자신을 알고 나면 방향이 바르게 됩니다.

우리 모습을 잘 확인하고 다시 사회와 부딪힙니다. 다시 맑아질 수 있게 조심히 도전합니다. 노력과 휴식이 반복되면서 삶을 생생하게 느낍니다. 우리 모습을 듣게 됩니다.

성공과 노력을 강요받다가 맑아지고 나면 가늘고 길게 사는 삶을 알게 됩니다. 굵고 길게 사는 법도 고민하게 됩니다. 우리의 노력에 짧은 건 없습니다.

풍경

자연을 볼 때는
무질서한 조화를 봅니다.

그림을 볼 때는
정돈된 의도를 봅니다.

풍경을 봅니다.
눈으로, 손으로 봅니다.

멋진 풍경을 보면 그 자체로 완벽합니다. 그걸 기록으로 담으면 편집이 들어갑니다. 손으로 그리기도 하고 사진으로 찍기도 합니다. 도구의 제한은 자연을 편집하게 합니다.

 장면을 일부만 담기도 하고, 불편한 건 안 그리기도 합니다. 자연은 질서 없이 완성되어서 그렇습니다. 그 자체로 좋지만, 우리가 담으려면 정돈이 필요합니다.

 자연과 그림이 모두 필요합니다. 우리가 몸으로 보고 느끼는 풍경과 미술관이나 화면으로 보는 풍경이 다릅니다. 우위를 정할 필요는 없습니다. 골고루 즐기면 됩니다.

 풍경을 눈으로 보기도 하고, 손으로 그리기도 하면서 풍경이 마음에 들어옵니다. 느낀 감동을 떠올리려고 기록합니다. 마음에 감동이 있다면 풍경은 자연과 그림 모두 좋습니다.

규칙

습관을 익히려고
규칙대로 합니다.

실수가 찾아와서
규칙의 리듬을 깹니다.

새로운 습관을 익힙니다.
실수를 이해합니다.

잘 짜인 계획표에 사건이 등장합니다. 정해진 시간이 밀리기 시작하고 그날의 계획은 복잡해집니다. 규칙에 순서가 있어서 그렇습니다. 순서가 밀리면 규칙이 깨집니다.

기계와 사람이 달라서 규칙은 항상 실패합니다. 건강에 문제가 생기기도 하고 가족에 관한 사건이 생기기도 합니다. 무언가를 배우고 익힐 때는 실패도 같이 배우게 됩니다.

약간 여유 있게 계획을 만듭니다. 문제가 생길 것을 감안하고 지치는 걸 예상한 계획을 만듭니다. 정해진 리듬이 깨져도 다시 흐름을 만들 수 있는 여유를 계획에 넣습니다.

새로운 걸 익힐 땐 시행착오가 있습니다. 우리에게서 실수가 생기기도 하고 외부에서 실수가 생기기도 합니다. 경험이 쌓이면 안과 밖의 상황을 다 가정하는 방법을 익히게 됩니다.

인공적인

완벽한 기계를 보고
정교한 효율을 배웁니다.

기계는 매일 같은데
우리는 종종 지루합니다.

인공적으로 완성하고
자연스럽게 실수합니다.

편리한 세상에서 완벽한 일상을 경험합니다. 합리적인 삶을 추구하면서 계획대로 움직입니다. 반복하며 살다 보면, 정해진 일상에 지루함이 찾아옵니다.

기계는 지치지 않습니다. 조건을 맞춰놓으면 매일 같은 작업을 반복합니다. 사람은 익숙해지면 지루하다고 느낍니다. 엉뚱한 행동을 하기도 하고 일상을 깨기도 합니다.

지루함을 깨려는 본능과 일정을 완성하는 강박감이 부딪힙니다. 한 번씩 깨뜨려야 의욕이 나는데, 기간을 완벽히 채우고 싶은 집착도 생깁니다. 인공적이어서 그렇습니다.

시계가 없던 때에는 삶이 계획 없이 흘렀습니다. 계획으로 가득한 사회에는 빈틈이 없어서 답답합니다. 잔잔함과 출렁임을 병행하며 인공적인 하루에 자연스러운 실수를 합니다.

일기

좋았던 날을 적고
안 좋았던 날도 적습니다.

지난 일을 담습니다.
겪은 일을 부정하지 않습니다.

날들이 모여서 일기가 됩니다.
모든 날을 기록합니다.

 작품을 완성할 때가 되면 좋은 부분과 안 좋은 부분이 다 보입니다. 안 좋은 부분을 고치고 나면, 좋았던 부분이 안 좋아 보입니다. 새롭게 성장하는 거라 스스로 하는 평가도 변합니다.

 우리 삶도 작품이어서 과거에 대한 평가가 변합니다. 좋았던 일이 후회되기도 하고, 반대로 싫었던 일이 좋아지기도 합니다. 그래서 섣부른 편집을 조심하게 됩니다.

 무리해서 다 기억할 필요는 없지만, 객관적으로 보고 판단하려고 노력합니다. 싫은 일도 기억하고 좋은 일도 기억합니다. 기억 대신에 기록하기도 합니다.

 기록해서 책을 만드는 것처럼, 기억해서 삶이 완성됩니다. 완벽하진 않아도 애착이 생깁니다. 자기 삶을 좋아하고 나면 버릴 과거도 없어집니다.

면접

약간 낮게 도전합니다.
붙는 것에 집중합니다.

낮은 곳에서 배웁니다.
쉬운 조건에서 배웁니다.

쉬운 면접을 봅니다.
적응이 어려워서 그렇습니다.

지원할 때는 높게 하기도 하고, 낮게 하기도 합니다. 상향 지원이 잘 되면 그 집단에서 적응이 어려울 수 있습니다. 너무 낮게 지원하면 안 되지만, 약간 낮게 지원합니다.

어려운 환경에서는 적응하는 걸로 많은 시간을 씁니다. 낭비는 아니지만 효율적이지 않을 수 있습니다. 무리한 도전을 계속 반복하는 것 대신에 배우고 성장하는 것에 집중합니다.

열심히 노력하고 다음 도전을 위해 여유를 만듭니다. 반복되는 무리한 노력은 우릴 지치게 합니다. 그 경험이 있어야 다치지 않고 길게 갑니다. 너무 두꺼우면 짧을 수 있습니다.

명예로운 삶을 위해 희생하는 것이 많습니다. 안전하고 확실하게 노력할 수 있는 상황을 만듭니다. 안전한 작전을 짜고 부지런히 노력합니다. 인생의 문이 잘 열릴 겁니다.

자립

의욕이 앞서서
집을 떠납니다.

사회의 규칙을 배웁니다.
생활비가 있어야 합니다.

자립이 어렵습니다.
몸과 마음을 자립해야 합니다.

어른이 되는 일이 막막할 때 집을 떠납니다. 부딪혀 보고 살아 보며 하나씩 배웁니다. 다른 방법도 있습니다. 효율적인 성장을 위해 집에 남을 수도 있습니다.

자립은 주도하는 경험입니다. 혼자 살면서 자기 삶을 이끌어도 좋고, 가족과 같이 살면서 이끌어도 좋습니다. 기대고 의존하는 마음을 줄이면 자립이 됩니다.

일해야 하는 의무감도 배워야 합니다. 노동으로 에너지를 소비하는 법도 배우고, 규칙적으로 소비하는 습관도 익힙니다. 이런 것들이 쉽게 되면 굳이 무리해서 집을 떠나지 않아도 됩니다.

잘사는 일이 자립이 됩니다. 부모님과 같이 살아도 잘 살면 되고, 혼자 살아도 잘 살면 됩니다. 언제든 독립할 수 있으면 급하게 독립하지 않아도 됩니다.

9° 반복되는 후회를 준비하는 시와 글

혹독한

날은 따듯한데
세상이 차갑습니다.

인생의 봄을 기다리며
견디고 노력합니다.

계절의 변화를 기다립니다.
혹독한 계절을 견딥니다.

날이 따듯해서 마음을 편히 가졌더니 어려운 상황을 만납니다. 방심할 때 당합니다. 급한 마음을 정돈하며 상황이 나아지길 기다립니다. 오늘이 따듯했듯이 상황이 따듯해지길 기다립니다.

좋은 날은 부담이 없어서 짧게 느껴집니다. 반대로 나쁜 날은 긴장되어서 길게 느껴집니다. 같은 시간이라고 자신에게 이야기합니다. 길게 느껴질 뿐입니다.

혹독한 상황을 만나면 포기가 제일 먼저 떠오릅니다. 그 순간에만 도인이 되어서 욕심을 내려놓으려 합니다. 돌아서면 후회할 걸 알아서 견딥니다.

따듯한 날을 알아서 혹독한 날을 견딥니다. 힘든 날이 하루가 아닌 계절이어도 견딥니다. 따듯한 날이 돌아올 겁니다. 힘든 계절을 견디고 따듯한 날이 오더라도 견딜 겁니다.

부끄러운

무안을 당한 경험이
마음 깊이 남습니다.

마음에 상처 납니다.
아물면 흉터가 됩니다.

여러 경험이 섞입니다.
흉터가 많아집니다.

항상 당당하고 싶어도 실수합니다. 쉽게 수습되는 실수도 있고, 공개적으로 망신당하는 일도 있습니다. 완벽하게 피할 수 없어서 마음에 상처가 납니다.

다치면 쉬어야 하는 것처럼, 마음도 휴식을 찾습니다. 가끔 너무 깊게 다쳐서 긴 시간이 걸리기도 합니다. 아플 땐 내 모습만 보여서 다 나을 때까지 혼자 있게 됩니다.

다치고 낫는 일이 반복되면 마음에 흉터가 많아집니다. 다친 경험으로 성장합니다. 노련해지고 부드러워집니다. 처음엔 무안을 당하는 게 싫었지만, 그것도 요령을 배우게 됩니다.

부끄러운 일을 당하는 건 싫습니다. 싫어도 부딪히고 배웁니다. 다치고 낫는 일을 반복하면 방법을 배웁니다. 부끄러워도 티 나지 않고 당당해집니다.

숙이다

자존심을 숙이고
필요한 걸 얻습니다.

명예를 위해 노력하고
실리를 위해 숙입니다.

이상과 현실이 다릅니다.
숙이는 법을 배웁니다.

긴 시간 공부만 학생들이 사회에 나옵니다. 사람이 모였을 때는 고립된 노력이 안 통합니다. 문제가 생겼을 때 독서실에 가면 안 됩니다. 문제를 풀기 위해 책상에게 고개를 숙이게 됩니다.

책상 앞에서 배움을 얻기 위해 고개를 숙입니다. 책을 보며 기록하고 연습합니다. 사람도 같습니다. 사람 앞에서 배움을 얻기 위해 고개를 숙입니다. 상대를 관찰하고 배울 점은 배웁니다.

많은 이들이 스타가 되는 상상을 합니다. 노력으로 성과를 내고 주목받는 상상을 합니다. 사람들이 알아서 따라주면 좋지만, 그건 지나친 노력이 필요합니다.

현실에 발을 딛고 효율적인 판단을 합니다. 주목받는 것보다 쉬운 방법을 배웁니다. 자존심을 잠시 내려두고 숙입니다. 그 겸손함으로 다른 이들과 친해집니다. 현실에 발을 딛습니다.

낯선 느낌

반복되는 행동에
낯선 느낌이 찾아옵니다.

집중이 더 깊어지고
행동이 더 편해집니다.

그 감각을 간직합니다.
깊은 집중을 연습합니다.

행동이 있어야 집중이 생깁니다. 반복된 행동은 종종 집중을 떨어뜨리기도 합니다. 집중과 지루함의 사이에서 낯선 느낌이 찾아옵니다. 느리면서 예리한 감각을 만납니다.

깊은 집중은 양면을 가지고 있습니다. 편하면서 긴장된 느낌입니다. 병행할 수 없는 걸 병행합니다. 부지런하면서 게으른 느낌입니다. 가끔 오는 독특한 집중의 감각을 잘 간직합니다.

좋은 느낌을 잘 간직합니다. 알려주는 이가 있다면 더 좋습니다. 나쁜 걸 덜어내고 좋은 걸 지키는 연습을 합니다. 그렇게 낯설고 좋은 감각을 익숙하고 좋게 만듭니다.

좋은 걸 알아보고 익히는 경험을 합니다. 매일 하는 반복에도 다른 감각을 느낍니다. 우리가 기계가 아니어서 우린 매일 새롭게 경험합니다. 낯선 느낌을 잘 맞이합니다.

상속

물려받는 일만큼
지키는 게 어렵습니다.

재산을 받듯이
경험도 받아야 합니다.

삶이 짧아서
부지런히 받아야 합니다.

부를 쌓는 과정은 근로소득에서 자산 늘리기로 넘어갑니다. 고정된 재산이 생기고 나면 다음 세대에게 물려줍니다. 돈을 물려주는 일에 돈이 들어가고, 지혜를 주기 위해선 경험이 필요합니다.

숫자를 다른 이에게 옮기는 일도 쉽지 않지만, 다음 사람을 가르치는 일도 어렵습니다. 절차대로 되지 않고, 시간과 에너지를 써야 합니다. 지혜를 전수하는 일은 근로소득처럼 번거롭습니다.

노년을 잘 보내는 요령도 지혜의 전수에 있습니다. 만약 쌓은 것이 많다면 할 일이 없어집니다. 약간의 소일거리로 젊은이를 교육하는 것도 좋습니다. 구전으로 이뤄지는 것이 있습니다.

몸과 마음의 건강이 모두 중요하듯이 재산과 지혜의 상속이 모두 중요합니다. 한 시간을 일해서 시급을 받던 경험이 자산을 지키는 끈기를 만듭니다. 지혜도 상속해야 합니다.

양육

아이를 키우는 일을
감정에 따라 실수합니다.

삶을 다 살지 않아서
가르치는 일이 어렵습니다.

아이의 스승을 찾습니다.
실수 없이 키우고 싶습니다.

스스로 배워서 성장한 이의 삶은 드라마입니다. 굴곡이 심합니다. 그 높고 낮음을 경험하는 동안 먼 길을 돌아가기도 합니다. 부상도 많이 생기고, 트라우마도 생기게 됩니다.

아이의 양육에 욕심을 내는 이유는 불필요한 경험이 있기 때문입니다. 모든 경험이 배움이지만, 효율적이지 않은 경험이 있습니다. 애정이 있기에 그 경험을 피하게 하는 마음이 생깁니다.

우리 삶이 바쁘고 남을 가르쳐 본 일이 적어서 아이의 스승을 찾습니다. 우리의 실수로 아이의 삶을 낭비하게 하고 싶지 않습니다. 완벽하진 않아도 효율적인 양육을 바라게 됩니다.

사심이 들어가면 욕심으로 상대를 대하게 됩니다. 그걸 알아서 아이의 스승을 찾습니다. 좋아하는 마음이 나쁜 영향을 주지 않도록 아이의 스승을 구합니다. 필요한 일입니다.

성공

혼자서 크는 나무는
재해에 쓰러집니다.

숲에서 큰 나무는
다시 싹을 틔웁니다.

기반이 중요합니다.
노력은 다음입니다.

어른들은 사람을 볼 때 가족을 봅니다. 사람은 위급할 때 보고 배운 행동이 반사적으로 나옵니다. 좋을 땐 누구나 좋은 모습을 할 수 있습니다. 환경을 보는 건 위험할 때 모습을 보는 겁니다.

가족 다음으로는 친구를 봅니다. 단순히 또래가 아니라 자주 어울리는 사람을 봅니다. 태어난 환경이 가족이고, 태어난 모습으로 찾은 환경이 친구입니다. 친구는 지금 모습을 보게 합니다.

가족과 친구가 나쁜 영향을 주는데, 홀로 성공하는 건 어렵습니다. 고립된 노력은 한계가 있습니다. 단순하게 돈부터 시작해서 분위기도 모두 영향을 받습니다.

공부를 많이 하다 보면 노력은 혼자 한다는 생각이 강해집니다. 노력은 혼자 해도, 성공은 집단으로 해야 합니다. 혼자서 세상과 맞서는 행동은 많이 위험합니다.

청소

마음을 청소하려고
주변을 치웁니다.

행동으로 마음을 바꿉니다.
정리하고 깨끗이 합니다.

마음이 몸을 따라 합니다.
청소로 명상합니다.

마음을 움직이려면 동작이 있어야 합니다. 명상에도 자세가 있습니다. 자세는 마음의 촉매입니다. 마음을 떠올리기 좋은 동작이나 행동이 원하는 마음을 만듭니다.

청소도 도움이 됩니다. 주변을 정리하며 생각을 바꿉니다. 공간을 치우며 생각도 정돈합니다. 생각이 복잡할 때 산책하는 것도 좋습니다. 산책은 발로 생각을 누르는 상상을 돕습니다.

몸과 마음은 다를 수 있지만 서로 깊게 영향을 줍니다. 동작이 생각을 돕고, 마음이 편해야 몸의 긴장이 이완됩니다. 몸을 깨끗이 하고 주변을 깔끔히 하는 건 마음에 도움이 됩니다.

좋은 모습을 하려고 노력합니다. 이 모습이 남에게 보여지는 것도 중요하고, 이 모습을 유지하려는 노력이 우리 마음을 바르게 합니다. 바른 자세에서 바른 마음이 자리 잡습니다.

조급한

기회를 보면
마음이 급해집니다.

잠깐 기다려도 되는데
선착순으로 뛰어갑니다.

짧고 굵은 건 위험합니다.
차분히 봐야 합니다.

한 번에 평가받는 일에 익숙해집니다. 삶이 이분법으로 나뉘면 마음이 작아집니다. 당첨과 꽝, 합격과 불합격으로 나뉘게 됩니다. 이런 마음이 도박의 형식으로 결정하게 만듭니다.

눈에 좋게 보이는 건 위험할 수 있습니다. 우리 눈에만 좋게 보이는 게 아니고, 좋은 걸 공개한 사람의 의도도 몰라서 그렇습니다. 갑자기 떨어진 행운은 경계해야 합니다.

조급함은 한 방을 노리게 만듭니다. 헛스윙은 몸의 중심을 무너뜨리고 휘청이게 만듭니다. 마음도 그렇습니다. 긴 시간 쌓아 올린 걸 믿어야 합니다.

가늘더라도 길게 가려고 연습합니다. 길게 보는 안목이 생기면 하나씩 살을 붙입니다. 순간의 판단으로 불행해지면 안 됩니다. 쉬운 건 대부분 위험합니다.

학생

교과서를 배우듯이
사는 법도 배웁니다.

어릴 때 익숙해져야
배움이 빠릅니다.

성공하는 것만큼
잘 사는 게 중요합니다.

 공공장소에서 시끄러운 학생을 봅니다. 남의 눈치는 안 보고 자기가 주인공이 되는 것에만 열중합니다. 저 모습으로 회사에서 일하는 장면을 상상합니다.

 성과를 내는 건 중요합니다. 작은 결과는 혼자서 할 수 있지만, 규모가 커질수록 혼자 하는 게 어려워집니다. 여럿이 모여서 큰 성공을 준비하는데, 혼자 소리 지르면 안 됩니다.

 어릴 때부터 차분하게 기다리는 연습을 해야 합니다. 남은 안 보이듯이 행동하는 습관이 생기면, 중요할 때 튀어나옵니다. 사회는 문제 있는 개인을 싫어합니다.

 성공하려면 무리에 속해야 하고, 잘 지내야 잘 삽니다. 어릴 때 학교 공부하는 것처럼, 돌발행동을 하지 않는 연습이 필요합니다. 애매한 실력으로 나서는 것은 굉장히 위험합니다.

어른

마음은 아직인데
몸은 어른입니다.

스스로 판단해야 하고
책임져야 합니다.

새로운 도전을 응원합니다.
어른으로 다시 시작입니다.

세상이 냉정한 걸 느낍니다. 마음은 아이여도 시간은 기다려주지 않습니다. 삶은 계속 진행되고 거기에 부지런히 맞춰야 합니다. 게으르면 외면받게 됩니다.

생각하고 책임지는 일이 어른의 기준이 됩니다. 자극적인 일에 대한 자유가 생기고, 조절하는 자유도 생깁니다. 더 빨리 성장하는 계기가 되기도 하고, 세월을 허비하는 계기가 되기도 합니다.

어른이 된 청소년이 있다면 응원을 건넵니다. 시행착오가 있어도 겸손하게 노력하면 성장할 겁니다. 즐거움을 조절해야 하고 화가 나도 차분해야 합니다. 그러면 잘 될 겁니다.

나이마다 경험하는 공통된 부분이 있습니다. 학생 때는 소속하는 법을 배우고, 어른이 되면 집단을 고르는 법을 배웁니다. 신중하게 판단해서 잘 적응하길 바랍니다.

서점

지식에도 유행이 있습니다.
흐름에 따라 변합니다.

변하지 않는 지식을 찾습니다.
서점엔 책이 많습니다.

건강한 마음은 변하지 않습니다.
잘 살려고 독서를 합니다.

 고전으로 남아서 시간이 검증해준 이론이 있고, 급하게 유행을 타는 이론도 있습니다. 가장 완벽한 지식을 찾는 본능이 우릴 지식 속에서 헤매게 합니다.

 대부분의 고민이 건강하면 해결됩니다. 잘 사는 방법에 대한 의문도 몸과 마음이 건강하면 해결됩니다. 성공하는 방법을 고민해도 일상에 고민이 없다면 희미해집니다.

 마음에 화가 많아서 보상받으려는 마음이 강해집니다. 그 분노는 성공에 대한 갈증이 됩니다. 성공해서 보상받고 싶어집니다. 그 마음이 단순한 화풀이일 수도 있습니다.

 유전적인 행운 덕에 특별한 사람으로 태어나기도 합니다. 그 행운을 적극적으로 펼치고 싶어도 차분해야 합니다. 평범한 삶이 새장처럼 느껴져도 잘 인내해야 합니다.

문학

의미를 압축하려고
표현을 바꿉니다.

시적인 표현으로
여러 말을 줄입니다.

문학적인 언어를 씁니다.
깊게 당겨 봅니다.

긴 글을 읽어서 생기는 감동이 있고, 짧은 글을 여러 번 읽어서 생기는 감동도 있습니다. 문학적인 표현은 긴 글을 압축하는 일을 도와줍니다. 짧고 굵은 의미를 던집니다.

겪은 일을 전달해야 하는데 듣는 이의 상상력이 부족할 때가 있습니다. 그때도 문학적으로 표현합니다. 감기로 아플 땐, 찬 고통으로 몸이 뜨거워진다고 표현하는 식입니다.

상대의 마음에 감동을 주려고 표현을 바꾸기도 합니다. 상처 주려고 그런 방법을 쓸 수도 있습니다. 말은 연습할수록 유리합니다. 그리고 사람들은 긴 설명을 싫어합니다.

마음의 건강을 위해 말을 잘하려고 연습합니다. 다른 사람과 잘 지내려고 말을 연습합니다. 부드럽지만 핵심을 담습니다. 좋은 의미를 선명하게 전달합니다.

절제

급격히 올라오는 감정을
차갑게 정돈합니다.

몸이 불편한 사람처럼
가장 좋은 방법을 고민합니다.

노련한 지혜를 익히려고
절제하는 연습을 합니다.

 실수는 당황할 때 생깁니다. 감정이 격해지거나 방심했을 때 실수합니다. 감정을 정돈하면서 절제하는 연습을 합니다. 순간적으로 화가 나도 금방 식힐 수 있게 평소에 연습합니다.

 힘이 좋고 자신감이 강할 때 과감해집니다. 그 힘을 정돈하기 위해 덜어내는 방법을 연습합니다. 몸의 감각과 현실의 상황이 다를 수 있어서 절제하는 방법을 연습합니다.

 젊을 땐 몸에 힘이 넘치고 무엇이든 할 수 있다고 느낍니다. 그 시기에 힘을 잘 정돈하는 습관을 들여야 합니다. 타고난 힘을 노년까지 이어갈 수 있어야 합니다.

 절제하는 연습이 핸디캡처럼 여겨질 수 있습니다. 과감한 마음이 부상을 만드는 걸 명심해야 합니다. 차분해야 하고, 평소에 절제하는 연습을 해야 합니다. 길게 가야 합니다.

진심

자신을 마주하기 위해서
잡다한 것을 걷어냅니다.

버릴 수 없는 것이 남습니다.
진심이 남습니다.

욕심을 버려야
바라는 것이 보입니다.

자신에게 질문을 던집니다. 삶이나 구원에 대해서 고민합니다. 성공하고 싶은 마음이 불쑥 올라오기도 합니다. 그 고민을 모두 정돈합니다. 그때 맑은 상태가 됩니다.

마음에서 일어나는 걸 다 이해하고 나면 자기 모습이 보입니다. 어쩌면 평범하고 편한 삶을 바랄 수도 있고, 아주 깊은 도를 깨우치고 싶을 수도 있습니다.

시험은 경쟁이라 점수를 쫓아야 합니다. 달리는 말이 자기 모습을 모르듯이 사회는 맑은 상태를 멀어지게 합니다. 떠날 필요는 없습니다. 탁해지고 맑아지는 걸 반복해도 진심을 발견할 수 있습니다.

눈을 감아서 감각을 줄이고, 깨어있는 상태를 유지해서 맑은 마음을 연습합니다. 바라는 것이 없어야 정말로 원하는 걸 알게 됩니다. 사람은 말처럼 살 수 없습니다.

도로

앞만 보고 갔는데
위에 표지판이 많습니다.

방향을 고민하다 보니
지도가 없습니다.

옆 사람이 보입니다.
길을 묻습니다.

나라의 제도가 우리에게 공통된 방향을 줍니다. 그렇게 청소년기를 보냈는데, 갑자기 스스로 선택하라고 합니다. 뛰던 습관으로 계속 뛰면 길을 잃게 됩니다.

선착순으로 경쟁할 때는 몰랐던 걸 배워야 합니다. 혼자서 노력하던 습관과 다른 이들에게 조언을 구하는 습관을 병행해야 합니다. 사회는 점수가 덧셈으로 들어갑니다. 많을수록 유리합니다.

동료를 모을 땐 배신을 걱정합니다. 분업이 깔끔하게 되면 좋지만, 안 되는 건 더 배워서 채웁니다. 점수의 덧셈에선 손해를 보는 일도 생깁니다. 그래도 여럿에서 하는 게 좋습니다.

성공에 필요한 요소가 많은 걸 알게 됩니다. 잘 뛰어야 하고, 도로가 좋아야 하고, 도와주는 사람도 있어야 합니다. 단순하게 뛰는 건 학생 때 익히고, 어른은 지혜롭게 노력해야 합니다.

경험

크게 상처받으면
마음이 데인 듯 아픕니다.

불로 도장 찍은 것처럼
그 상황을 피하게 됩니다.

무서운 불을 다룹니다.
안 다치는 법을 배웁니다.

고의로 다칠 필요는 없지만 배움의 과정에선 다치게 됩니다. 운이 나빠서 크게 다치고 나면 다신 안 보고 싶어집니다. 그렇게 아프고 나면 피하는 습관이 생깁니다.

우린 영리해서 아픈 걸 잘 기억합니다. 움츠러들고 둔해집니다. 억지로 반복할 수 없어서 불을 다루듯이 합니다. 적당한 거리감과 도구와 기술로 다룹니다.

사람 대하는 법도 기술이어서 다치는 일이 생깁니다. 맨손으로 해도 다치고, 지식 없이 해도 다칩니다. 기술을 익히듯이 연구도 하고 배우기도 하면서 숙련해야 합니다.

글로 익힌 걸 풀어내려고 경험을 쌓습니다. 글자의 딱딱함을 말랑한 경험으로 녹이는 일이 어렵습니다. 차분하게 경험을 쌓았으면 합니다. 경험할수록 늘게 됩니다.

창업

만선의 꿈을 안은 어부처럼
창업의 배를 띄웁니다.

혼자 해야 할 일도 많고
몰랐던 위험도 많습니다.

넘어야 할 파도가 보입니다.
바다는 끊임없이 넘실거립니다.

성공담이 유행해서 그런지, 남의 성공이 쉬워 보입니다. 계산도 딱딱 맞고, 도전하는 용기만 남은 것 같습니다. 그렇게 배를 띄웁니다. 작은 배가 파도에 흔들리기 시작합니다.

직원에서 사장이 되면 그 자리를 유지하는 게 어려운 걸 알게 됩니다. 도와주는 사람 없이 하는 게 얼마나 무모한지 알게 됩니다. 모든 판단과 실수에 값이 매겨져서 그렇습니다.

뭍에서 보던 바다가 배 위에서 보니 잔인합니다. 가만히 두면 좋겠는데 계속 넘실거립니다. 가만히 있어도 떨어질 거 같은데, 방향을 잡고 운전해야 합니다.

모든 도전을 응원합니다. 다만 안전하게 도전했으면 합니다. 걷다가 뛰어가듯이 도전했으면 합니다. 큰 도전은 대부분 여럿에서 합니다. 혼자서 하는 경우는 오래가기 어렵습니다.

먼지

안 보여서 좋기도 하고
힘이 없어서 슬프기도 합니다.

먼지처럼 사는 일은
자유롭고 괴롭습니다.

태산이 되는 장면을 상상합니다.
그건 먼지가 아닙니다.

무뎌진 숫자 감각을 다시 살려봅니다. 동네에 사는 사람, 도시에 사는 사람을 헤아려 봅니다. 사람이 이렇게 많은데, 그중에 하나는 먼지처럼 작게 느껴집니다.

눈에 띄지 않아서 자유롭지만 영향력이 없어서 괴롭습니다. 힘없이 유명해진 사람도 이렇구나, 하고 생각합니다. 덩치를 키우는 장면을 상상합니다. 먼지가 모여서 커지면 그건 먼지가 아닙니다.

바다와 산을 보고 먼지와 비교합니다. 작고 약할수록 자유롭습니다. 반대로 크고 강할수록 움직이기 어렵습니다. 보기에 멋진 대상에도 장단점이 있습니다.

우리 모습을 쉽게 알았으면 좋겠습니다. 어떤 이는 크게 태어나고, 다른 이는 자유롭게 태어납니다. 자유롭게 살 사람이 무겁게 살 순 없습니다. 각자의 모습이 있습니다.

결혼

환상을 남에게 넘기려다
현실을 봅니다.

상대는 사람입니다.
우리처럼 불완전합니다.

추억으로 간직합니다.
같이 살 사람을 고릅니다.

반짝이는 다이아몬드 반지가 마음을 동화 속으로 끌고 갑니다. 편안하고 안락하며 열정이 가득한 삶을 꿈꿉니다. 이 꿈은 상대의 작은 실수로 깹니다.

얼마만큼의 환상을 채워줄 수 있는지 고민합니다. 남을 위해 살기에는 개인적으로 살았다는 걸 깨닫습니다. 결혼이라는 제도가 환상으로 완성할 수 없는 것도 알게 됩니다.

잠깐 꾸었던 꿈을 추억으로 간직합니다. 공주와 왕자의 사랑을 마음에 간직합니다. 나를 버리지 않을 사람, 나를 맞춰줄 사람을 봅니다. 완벽하지 않지만, 행복한 결혼을 고릅니다.

실수는 욕심에서 시작합니다. 남을 바꾸려 하고 내가 원하는 틀에 맞추려 하면 실수가 커져서 실패하게 됩니다. 지금의 모습을 유지하면서 하나를 더하는 것에 집중합니다.

요리

음식을 먹다가
만들기로 합니다.

요리를 통해서
정성을 배웁니다.

음식에서 정성을 느낍니다.
새로운 맛을 배웁니다.

자동화가 사람을 무뎌지고 게으르게 만듭니다. 남이 해준 음식도 단순히 맛만 느낍니다. 그 둔함을 깨려고 요리해 봅니다. 시간과 수작업을 통해서 정성을 배웁니다.

노력으로 감각을 생생하게 합니다. 음식을 먹을 때도 만든 사람의 모습을 상상합니다. 가치가 낮아진 작품을 감상합니다. 요리부터 장식품까지 섬세하게 보는 법을 배웁니다.

기계가 바꿀 수 없는 건 우리 마음입니다. 자동화된 사회가 우리 마음을 기계처럼 바꿔주진 못합니다. 우리는 남의 것에 무뎌지는데, 작은 상처엔 점점 예민해집니다.

상대를 이해하는 빠른 방법은 직접 해보는 겁니다. 상대의 시간과 노력을 경험하면 그를 공감할 수 있습니다. 그 감각은 단순히 몸으로 느끼는 것과 다릅니다. 새로운 감각입니다.

팝업

불쑥 나타나서
주의를 끕니다.

놓치지 말라며
얼른 오라고 합니다.

마음을 급하게 합니다.
불쑥 사라집니다.

기간 한정 이벤트가 우릴 즐겁게 합니다. 한정된 상품과 볼거리가 사야 하는 충동을 줍니다. 가끔 즐기기에 좋습니다. 제한된 이벤트에 너무 빠지지 않으면 됩니다.

우리 삶에도 팝업 이벤트가 생깁니다. 그 판단으로 운이 나뉘기도 합니다. 대부분 삶에 찾아오는 팝업은 속임수인 경우가 많습니다. 좋은 기회는 꼼꼼하게 준비돼서 옵니다.

팝업의 유혹은 투자에서 많이 옵니다. 당장 사야 하고 서둘러서 결정하는 투자는 대부분 실패합니다. 특별한 사람들은 그 결정을 모두 맞추지만, 부업으로 투자하는 사람들은 대부분 틀립니다.

불쑥 나타나는 사건에 당황하지 않습니다. 즐길 건 즐기고 무시할 건 무시합니다. 마음이 급해지면 재밌지만, 너무 급해지지 않게 주의합니다. 금방 사라질 겁니다.

공간

작은 공간에
편안함을 숙성시킵니다.

시간으로 익어갑니다.
공간이 편해집니다.

쉴 때마다 찾아옵니다.
편한 공간입니다.

절이나 교회의 특이한 편안함을 모방합니다. 그 장소에 가면 느껴지는 편안함이 있습니다. 멍해지기도 하고 차분해지기도 하는 그 느낌을 방이나 창고 같은 공간에 모방합니다.

독서나 기도 같은 명상을 작은 공간에서 반복합니다. 그 공간에 들어가면 그 감각이 떠오를 수 있게 계속 반복합니다. 그렇게 공간을 숙성시킵니다. 충분히 익힙니다.

반복되는 행동이 습관이 되듯이 공간에도 습관이 생깁니다. 들어가면 차분해지는 공간이 됩니다. 쉴 때마다 찾아오는 편한 공간이 됩니다. 편안함이 숙성된 공간입니다.

의지로 안 되는 부분은 공간의 도움을 받습니다. 쉬어야 하면 쉬는 공간을 만들고, 집중해야 하면 집중하는 공간을 만듭니다. 목적이 분리된 곳에서 도움을 받습니다.

조명

불빛 하나가
작품을 비춥니다.

여기엔 이것만 있다고
여기만 보면 된다고 합니다.

빛이 안내합니다.
더 자세히 보게 됩니다.

작품은 그냥 두어도 가치가 있지만, 연출하면 더 돋보입니다. 좋은 외모에 화장을 더하듯이 작품 주변을 꾸밉니다. 작품을 더 집중되게 합니다.

조명을 받는 연예인을 봅니다. 주변이 한 사람에게 집중됩니다. 주인공이 되는 느낌을 상상합니다. 부담되기도 하고 부럽기도 합니다. 세상의 조명이 우릴 비춰줬으면 하기도 합니다.

우리는 자신을 단련하면서 주변을 이용하는 방법을 공부합니다. 좋은 작품이 되는 것과 좋은 조명을 받는 일이 모두 중요합니다. 항상 열심히 하고, 결과를 잘 포장합니다.

귀한 건 보기에도 좋아야 합니다. 조명을 받는 스타처럼 우리도 조명을 이용해야 합니다. 운이 좋다면 결과가 나빠도 좋게 보일 수 있습니다. 다 잘해야 합니다.

전망

앞날이 어두워도
밝은 기운을 냅니다.

당장은 힘들어도
밝은 날을 기다립니다.

힘들어도 열심히 합니다.
최선을 다합니다.

과거에서 배운 경험으로 미래를 예측합니다. 먹구름이 가득한 것처럼, 어두워도 힘을 냅니다. 힘들다고 우울하면 더 어려워지는 걸 압니다. 힘들어도 기운을 냅니다.

가뭄을 견디는 나무를 따라 합니다. 비가 오지 않는다고 포기하지 않습니다. 견디고 단련해서 비 오는 날에 더 많이 성장합니다. 괴로움이 계절처럼 지나갈 거라 믿습니다.

예측은 항상 방어적으로 합니다. 긴장하고 준비해야 사고에 대응할 수 있습니다. 전망이 정말 안 좋을 수도 있지만, 포기하지 않습니다. 괴로워도 노력해야 합니다.

먼 거리를 행군하는 군인처럼 아무리 걸어도 끝이 안 보일 수 있습니다. 지쳤는데 비가 올 수도 있고 길이 안 좋아서 넘어질 수도 있습니다. 그래도 해야 합니다. 계절이 바뀔 겁니다.

해석

한글을 한글로 번역합니다.
다른 의미를 찾습니다.

정해진 걸 해석합니다.
읽고 싶은 대로 읽습니다.

방향이 틀려도
배움이 있으면 됩니다.

 연구는 다양한 주제를 주관적으로 접근합니다. 창의적일 때도 있고 단순할 때도 있습니다. 그 과정에서 시도한 다양한 방법들이 공부의 과정이 됩니다.

 성적은 다양성을 낮춥니다. 정해진 공부와 답이 사람에게 틀을 만듭니다. 시험공부를 통해서 틀에 적응하는 방법을 배웁니다. 어색해도 답이 맞으면 인정받을 수 있습니다.

 다양성을 배우기 위해 뻔한 걸 다르게 봅니다. 단순한 글도 다르게 접근합니다. 엉뚱하고 이상할 수 있지만 연구하는 마음으로 시도해 봅니다. 새로운 방법을 배웁니다.

 항상 더 배우려고 노력합니다. 반복을 통해서 숙련되는 과정을 배우고, 다른 시도를 하면서 새로운 방법을 연구하는 법을 배웁니다. 정해진 대로 하기도 하고, 다르게 하기도 합니다.

혁신

다 바꾸지 않고
좋은 거 하나만 더합니다.

뒤집어엎는 건
혁신이 아닙니다.

확실하고 안전하게
더 좋아져야 합니다.

우리 방은 확 바꿀 수 있지만, 일은 그럴 수 없습니다. 뒤집어엎으면 처음부터 다시 해야 합니다. 그 새로운 시작은 습관이 될 수 있습니다. 조금 마음에 안 들면 처음부터 다시 하게 됩니다.

개인의 작업물은 쉽게 다시 할 수 있지만, 단체로 진행하는 일은 그러기 어렵습니다. 여럿이서 진행하는 일은 좋은 것 하나를 안전하게 추가해도 혁신입니다.

세상이 마음에 안 들면 힘을 얻어서 뒤집고 싶어집니다. 운이 좋아서 그 기회를 얻어도, 그렇게 하면 많은 사람이 다칩니다. 급격한 것도 좋지만, 안전해야 합니다.

중도에 포기하고 다시 하는 일에 혁신이라는 표현을 할 수 없습니다. 어려운 걸 성공해야 혁신입니다. 아무도 피해받지 않고 나아질 수 있다면 혁신입니다.

중요한

머리는 아는데
인정하기 어렵습니다.

중요한 것과 소중한 것이
종종 다릅니다.

중요한 걸 먼저 합니다.
소중한 건 마음에 간직합니다.

 회사 일과 데이트가 겹칠 때가 있습니다. 일을 포기하고 사랑을 향해 달려갈 수 있지만, 그러지 않습니다. 소중한 건 마음이 편할 때 의미가 있습니다. 중요한 걸 먼저 해야 합니다.

 가끔 중요한 것과 소중한 일이 헷갈릴 때가 있습니다. 일반적으로는 하기 싫은 걸 고르면 됩니다. 마음이 가는 일이 소중한 일이고, 생활에 필요한 일이 중요한 일입니다.

 중요한 건 집중이 깨져도 할 수 있지만, 소중한 건 마음이 불편하면 기억에 오래 남습니다. 그래서 되도록 일과 관련된 걸 우선으로 합니다. 좋은 건 마음이 편할 때 해야 합니다.

 우리의 작은 일상을 위해 일과 회사에 마음을 잡아둡니다. 즐거움을 위해 위험을 안으면 안 됩니다. 번거롭고 귀찮아도 할 일을 해야 합니다. 그게 중요합니다.

반복하는

정해진 방향이 없어서
같은 자리로 돌아옵니다.

잘 가고 있다가도
사고가 나면 돌아옵니다.

등대가 필요합니다.
나아가는 반복을 하고 싶습니다.

계속 진행하기 위해서 이정표를 찍는 법을 배웁니다. 중간 평가를 하기도 하고, 다음 단계를 위해 고민하는 시간을 갖습니다. 이정표가 없다면 실패했을 때 처음부터 다시 해야 합니다.

방향을 잘 알아야 하고, 중간에 쉬는 법도 알아야 합니다. 좋은 선수와 좋은 코치가 다른 것처럼, 우리는 배울 사람이 필요합니다. 우리에게 집중하고, 우리를 관리해줄 사람이 필요합니다.

등대 같은 사람이 필요합니다. 계속 진행할 수 있게 도움이 필요합니다. 그건 좋은 책이 되기도 하고, 수업이 되기도 합니다. 혼자 다 하려고 욕심내지 말아야 합니다.

우리의 반복된 노력이 계속 성과를 냈으면 합니다. 열심히 했는데 매번 제자리면 마음이 아픕니다. 짧더라도 조금 더 갔으면 합니다. 성취하는 재미가 있습니다.

물감

화가 많이 나서
마음을 검게 칠합니다.

마음에 불어온 바람이
검은 물감을 날립니다.

마음은 다시 하얘집니다.
잠깐 기다리면 됩니다.

크게 화가 나면 마음에 심어둔 좋은 모습들이 타기 시작합니다. 그 불은 마음을 재로 만들고 검은 것만 남깁니다. 끄려고 해도 번지니 그냥 두고 기다려야 합니다.

화가 가라앉고 불이 작아지면 바람이 불어옵니다. 불어온 바람이 검은 재를 청소합니다. 마음이 하얗게 된다면 좋은 모습을 다시 만들 수 있습니다. 잠깐 기다립니다.

미워하는 마음이 커지면 상상력이 풍부해집니다. 먹이를 본 동물처럼 단순해지기도 합니다. 그 실수를 피하기 위해서 잠깐 기다려야 합니다. 마음을 가라앉히고 움직여야 합니다.

기다리면 분명 맑아집니다. 당장 보이는 걸 바꾸려고 움직이면 더 복잡해집니다. 마음에 안 드는 색을 바꾸기 위해 물감을 계속 더하면 결국 검은색이 됩니다.

10°

지나간 자신을 사랑하는 시와 글

찾아오는

찾아가는 것이 어려워서
찾아오게 합니다.

반갑게 맞이하고
불편하게 하지 않습니다.

나를 잘 가꿉니다.
즐겁게 맞이합니다.

사람들이 찾아오는 사람이 되고 싶습니다. 상담이나 휴식이 필요할 때 찾아왔으면 좋겠습니다. 치유를 건네기 위해서 항상 편한 모습을 합니다. 자신을 잘 가꿉니다.

영업하는 사람처럼 고객을 찾아다니면 지칩니다. 동선도 복잡하고 감정 소모도 심합니다. 그래서 사람들이 찾아왔으면 합니다. 잘 꾸민 공간에 와서 쉬다 갔으면 합니다.

오는 이를 잘 맞이합니다. 큰 노력 없이 사람만 만나는 일이 쉬워 보일 수 있습니다. 항상 편하게 보일 수 있게 마음을 잘 정돈합니다. 편안함을 줄 수 있게 연습합니다.

다시 오는 이의 마음을 편하게 합니다. 화가 나서 와도 돌아갈 때는 편했으면 합니다. 차분하고 늘어진 느낌의 편안함으로 치유했으면 합니다.

슬리퍼

나가기 애매해서
슬리퍼를 신습니다.

가볍게 다녀옵니다.
외출이 가볍습니다.

기분을 바꿉니다.
바깥바람이 좋습니다.

집이 좋지만, 가끔 나가서 바람을 쐽니다. 옷을 입고 꾸미는 것이 번거로워서 가벼운 복장에 슬리퍼를 신습니다. 잠시 걷기도 하고 음료를 마시기도 하면서 기분을 바꿉니다.

기분이 어두울 때는 가벼운 외출을 합니다. 감정이 바람에 쓸려나가는 느낌도 좋고 숨이 더 길어지는 느낌도 받습니다. 나가는 일이 귀찮아도 하루에 한 번 정도는 좋습니다.

마음이 고이지 않게 계속 움직입니다. 맑은 물도 멈추면 이끼가 생기듯이 마음도 잡념이 자리 잡지 않게 주의합니다. 걷기도 하고 멈추기도 하면서 맑아지게 연습합니다.

가벼운 도구로 마음을 전환합니다. 슬리퍼도 좋고 연필도 좋습니다. 너무 빨리 움직이는 걸 주의하고, 너무 멈추는 일도 주의합니다. 마음을 느리게 흘려 봅니다.

시간이 없는

미련대로 하고 싶지만
시간이 없습니다.

변명하고 싶지만
그럴 시간이 없습니다.

다른 이유는 없습니다.
바빠서 그렇습니다.

마음이 한 사건에 머물고 싶어합니다. 상대에 대한 감정일 수도 있고, 다시 도전하고 싶은 일일 수도 있습니다. 마음이 아프고 미련이 남을 땐 시간으로 핑계를 만듭니다.

점점 커지는 미련을 부족한 시간으로 변명합니다. 집착하고 싶고 다시 하고 싶지만, 시간이 없어서 그렇다고 합리화합니다. 남은 미래가 많아서 미련 가질 시간이 없습니다.

부지런히 일하고 잘 쉬어야 합니다. 시간이 비면 잡념이 생깁니다. 잡다한 마음이 미련을 만듭니다. 쉬는 것도 일이라 생각하고 잘 쉽니다. 미련에 시간을 쓰지 않습니다.

항상 새롭게 도전하고, 실패할 때마다 그 사건에 머무르고 싶어집니다. 잠시 쉬었다 다시 일어납니다. 멈추면 녹슬어서 잘 관리하고 부지런히 삽니다.

한가한

바쁜 날이 많아서
한가할 땐 꼭 쉽니다.

쉬고 나면 바쁠 걸 알아서
한가하게 시간을 보냅니다.

바쁜 걸 알고 있어서
한가한 걸 즐깁니다.

열정은 휴식을 미워합니다. 열정으로 예민해지면 시간, 분 단위도 예민해집니다. 우리는 기계와 달라서 강한 마음에 부드러움을 줍니다. 한가한 모습도 보기엔 부드럽습니다.

잠을 못 잔 사람이 화를 쉽게 냅니다. 쉬질 못한 사람은 다른 이의 부탁을 쉽게 거절합니다. 잘 쉬고 한가해야 마음에 여유가 생깁니다. 다시 바빠지려면 그 전에 한가해야 합니다.

한가하기 바쁜 삶에도 여유를 찾으려고 노력합니다. 잠시 차를 마시거나 화장실을 가려고 일어날 때도 마음을 전환합니다. 마음이 굳지 않게 항상 살핍니다.

바쁜 사람에게 여유를 가지라고 합니다. 하루를 잘 관찰하면 잠시 쉴 시간이 있을 겁니다. 그 없는 시간도 잘 찾아서 쉬었으면 합니다. 한가하고 여유로웠으면 합니다.

반가운

기다린 시간이 길어서
반갑게 맞이합니다.

조급함을 숙성하면서
맞이할 준비를 합니다.

반갑습니다.
기다리고 있었습니다.

기다리는 일이 가장 어렵습니다. 기다리다 보면 마음이 급해지면서 실수하게 됩니다. 마음의 체력이 강해야 오래 기다릴 수 있습니다. 대부분 포기하거나 실수합니다.

기다리는 일을 숙성하는 과정으로 봐도 좋습니다. 좋은 걸 더 좋게 만들기 위해 숙성합니다. 긴 시간을 기다리면서 나름의 발전을 시도합니다. 수동적으로 기다리고, 능동적으로 시간을 보냅니다.

기다림이 끝날 날을 견딥니다. 반갑다고 인사할 수 있게 잘 숙성합니다. 기다린 시간을 원망할 필요도 없습니다. 조급하지 않았고 나름의 노력으로 시간을 보냈습니다.

손에 주도권이 있지 않을 때는 기다려야 합니다. 대부분 상황에서 기다림을 경험합니다. 겸손한 마음으로 상대를 배려합니다. 기다림이 답답할 수 있지만 좋은 공부가 됩니다.

양치기

넓은 초원을 보면서
착한 양을 생각합니다.

의심 없이 풀을 뜯고
이끄는 대로 따라옵니다.

양의 모습을 보고 배웁니다.
온순한 순종을 배웁니다.

생활하면서 견디기 어려운 건 남의 이익입니다. 직장에서는 상사나 사장의 이익을 부러워하고, 모임에서는 잘난 모습을 부러워합니다. 가끔은 양이 부럽습니다. 양은 잘난 양을 부러워하지 않습니다.

마음이 잘 정돈되어서 풀 먹는 일에만 집중하고 싶습니다. 잡다한 생각으로 능률이 떨어지지 않았으면 합니다. 필요한 일에 필요한 집중만 하고 싶습니다.

모든 순간에 온순할 수는 없지만, 온순한 모습도 익히고 활용합니다. 신경 쓰지 않아도 될 건 적당히 모른 척하고, 해야 할 일만 집중하고 싶습니다.

부러움에 마음을 뺏기면 지금 가지고 있는 게 작아 보입니다. 작게 느껴져도 없으면 생활이 급해집니다. 가진 것을 잘 지키기 위해 순종을 연출합니다. 마음을 착하게 합니다.

믿고 있는

믿음을 증명하지 않습니다.
믿겠다고 결정합니다.

좋은 삶을 믿습니다.
다음 생으로 넘기지 않습니다.

자신을 믿기로 합니다.
잘 사는 모습을 믿습니다.

신이 대답하지 않아서, 우린 신을 계속 원망할 수 있습니다. 작은 감정으로 신을 상상하고, 작은 사건으로 교리를 해석하려고 합니다. 신은 항상 다음 생을 이야기합니다.

무언가를 믿어야 하면 자신을 믿고 싶습니다. 다음으로 미루지 않아도 되고, 믿음을 증명하지 않아도 됩니다. 잘 살 거라고 믿어 주고 오늘의 걱정을 스스로 위로합니다.

의지할 대상을 밖에서 찾으면 문제가 생길 때 원망하게 됩니다. 신을 의지하면 신을 원망하고, 부모를 의지하면 부모를 원망합니다. 반성하고 나아지기 위해 자신을 믿기로 합니다.

나중에 올 삶을 위해서 지금을 희생하는 건 괴롭습니다. 우리 모습을 있는 그대로 좋아하고 싶습니다. 어떤 일이 일어날지는 모르지만, 우린 자신을 계속 좋아할 겁니다.

비춰 주는

어두운 밤길을 비춥니다.
다치지 않기를 바랍니다.

밤은 차갑지만
마음이 따듯해집니다.

삶을 비추고 싶습니다.
행복하길 바랍니다.

타인을 위해 기도합니다. 내 삶이 잘 되길 바라는 만큼 다른 이의 삶도 좋았으면 합니다. 남을 위한 기도가 주변을 밝혀주면 좋겠습니다. 어둠 속에서 환한 빛이 마음을 따듯하게 했으면 합니다.

걱정이 많아지면 마음이 작아지게 됩니다. 밤바다를 보는 것처럼, 마음이 어둡고 무거워집니다. 등대 하나가 바다를 비춰 주면 좋겠습니다. 작지만 선명한 빛이 마음을 녹여줄 겁니다.

넓은 바다처럼 막막한 삶에 이정표를 주고 싶습니다. 목적지와 속도보다 중요한 정보가 있습니다. 지금에 대한 작은 만족과 행복이 있다면 표류해도 견딜 수 있습니다.

문제를 찾아다닐 수는 없지만, 누군가 찾아오면 쉬운 지식을 전달하고 싶습니다. 잘 쉬고 마음을 편하게 가지면 등대와 같은 작은 만족을 얻을 수 있습니다.

글을 쓰는

마음을 담아서 적습니다.
글에 힘이 생깁니다.

좋은 마음을 담습니다.
글이 따듯합니다.

좋은 글을 위해 노력합니다.
미운 마음을 뺍니다.

 유명한 스님의 글씨에 힘이 담기는 것처럼, 문장에 힘을 담으려 노력합니다. 악의를 담으면 강한 미움이, 선의를 담으면 강한 응원이 담깁니다. 글에 힘을 싣습니다.

 무언가에 깊게 집중하고 나면 무의식에서 그 일이 습관이 됩니다. 좋은 습관을 위해서 좋은 의도를 담으려 노력합니다. 좋은 작품을 만들고, 그 과정이 삶에 스며들었으면 합니다.

 마음은 말하지 않으면 숨길 수 있지만, 같은 마음을 자주 품어서 습관이 되면 실수합니다. 작은 실수도 바로잡기 위해서 좋은 마음만 갖습니다. 미움은 되도록 뺍니다.

 글을 적습니다. 좋은 의도를 담아서 좋은 영향을 주려고 노력합니다. 문장에 힘을 담습니다. 그 노력을 수행처럼 여깁니다. 좋은 문장은 글쓴이와 독자를 모두 기쁘게 합니다.

집요해지는

거절당한 상처가
마음을 집착하게 합니다.

집착이 곪으면
흉터가 됩니다.

상처를 키우지 않습니다.
나으려고 노력합니다.

아프고 불편하면 그걸 당장 해결하려고 합니다. 회복엔 시간이 필요하지만, 노력으로 그 시간을 단축하려고 시도합니다. 상처 난 부위를 자꾸 자극하면 상처가 곪습니다.

마음의 상처도 몸과 같아서, 아픈 부분을 자꾸 들여다보면 덧납니다. 만지지 말고 가만히 두고 신경을 돌려야 합니다. 필요한 처치만 하고 기다려야 합니다.

집요한 마음을 그냥 두는 일이 어렵습니다. 아프면 신경이 쓰여서 그렇습니다. 놔두면 낫는 걸 알았다면, 상처를 키우지 말아야 합니다. 집요함을 정돈해야 합니다.

시간이 해결하는 일은 시간을 믿어야 합니다. 기다려서 낫는 일은 기다려야 합니다. 불편한 마음을 자꾸 헤집는 걸 주의해야 합니다. 차분하게 기다려야 합니다.

달려가는

마음이 급해져서
뛰어갑니다.

숨이 가쁘고 몸이 지치면
마음이 정돈됩니다.

달리기는 차보다 느리지만
마음은 금방 자리 잡습니다.

운동으로 스트레스를 풉니다. 마음에 남은 잔여물을 동작으로 해소합니다. 지나치면 다치는 걸 알지만, 마음을 먼저 달랩니다. 심장이 빨리 뛸수록 마음은 차분해집니다.

운동으로 해소되는 마음은 분노입니다. 냉정해지기엔 시간이 오래 걸려서 몸을 고생시킵니다. 이 과정을 반복하며 마음이 풀어지는 모습을 관찰합니다.

처음엔 긴 시간 운동해도, 갈수록 그 시간을 줄입니다. 몸도 보호하고 수행을 간결하게 만듭니다. 나중엔 작은 동작이나 느낌으로 마음을 가라앉힙니다.

드라이브보다 걷거나 뛰는 게 빠릅니다. 물리적으로는 느려도 마음은 그게 더 빠릅니다. 몸의 감각을 이용해서 감정을 전환합니다. 연습하면 금방 될 겁니다.

진행 중인

실패를 딛고 나면
과거는 과정이 됩니다.

마음을 위로합니다.
진행 중일 뿐입니다.

실패를 계속해도
다시 일어나려고 합니다.

계속 도전해야 하는데 어려울 때가 있습니다. 상황이 맞지 않을 때는 작전을 잘 연구해야 합니다. 마음이 꺾였을 때는 위로가 필요합니다. 긴 과정을 위한 연습입니다.

실패한 도전은 연습이 됩니다. 운이 조금 모자랐지만, 다음에 다시 도전합니다. 그 도전도 연습이 될 수 있지만, 해봅니다. 진행 중인 걸 멈추지 않으면 됩니다.

멈춰야 한다면 본인이 감으로 압니다. 안 되는 건 본인이 제일 잘 알고, 되는 것도 본인이 압니다. 마음이 차분하면 계속할지 판단하고, 다시 도전하면 될 일입니다.

전체의 삶을 두고 보면, 우린 아주 많은 연습을 경험해야 합니다. 버거울 때도 있고, 수월할 때도 있습니다. 삶에 주어진 많은 연습 중의 하나입니다.

겨우 하루

아주 많은 날을 기다렸지만
무너지는 건 하루입니다.

계기는 감동일 수도 있고
실망일 수도 있습니다.

기쁨으로 무너지고 싶습니다.
내일을 기대하고 싶습니다.

희망이 무너졌을 때 가장 큰 슬픔을 느낍니다. 의욕이 꺾이고 내일이 없다고 느껴질 때 마음이 무너집니다. 그 슬픔이 너무 커서 다른 걸 기대합니다. 기쁨으로 무너지고 싶습니다.

새로운 앎을 얻기 위해선 변화를 경험해야 합니다. 세상을 보는 시선이 변하고, 감각이 넓어지고 자유로워지는 경험이 필요합니다. 그게 오늘이라면, 슬픔보다는 기쁨으로 넘어지고 싶습니다.

희망이 끝났다고 느껴져도, 쉬고 나면 또 의욕이 생깁니다. 살아있는 건 질기고 끈적합니다. 분명 다시 일어날 거지만 안 아프게 넘어지고 싶습니다.

긴 시간 수행해도 알고 변하는 건 한순간입니다. 평생의 단련이 하루의 앎으로 완성됩니다. 매일 무너져도 세상을 알게 될 기쁜 날을 기다립니다. 찾아올 하루를 기다립니다.

대본

시작과 과정과 끝을
직접 정합니다.

인물이 등장합니다.
그 인물에 마음을 쏟습니다.

다 정한 줄 알았지만
마음이 가는 대로 따라갑니다.

 시나리오를 쓰는 작가를 상상합니다. 구성을 정하고 인물의 말 한마디까지 모두 정합니다. 그렇게 글을 적고 시간과 노력이 들어가면, 글에 애정을 느낍니다.

 세상을 사랑한 신이 된 것처럼, 작가는 등장인물에게 애착을 느낍니다. 잘 되길 바라는 마음이나 혼내주고 싶은 마음이 생기면, 자기 작품을 사랑하게 됩니다.

 마음대로 정할 수 있는 대본에 규칙이 생깁니다. 작가의 마음을 위한 보편적인 도덕들이 보이지 않는 규칙이 됩니다. 마음은 결국 평소의 연습대로 움직입니다.

 글을 통해 신이 되는 경험을 합니다. 그리고 세계를 구성하는 일이 평소의 모습으로 정해지는 걸 알게 됩니다. 마음도 글과 같습니다. 내면의 우주는 평소의 행동으로 정해집니다.

피부

피부로 감각을 느낍니다.
보거나 인지하는 상상입니다.

심장박동이 들립니다.
피부가 마음을 봅니다.

느긋하고 편안한,
쉽고 간단한 명상입니다.

명상과 기도를 너무 어렵게 생각하면 안 됩니다. 행동하는 사람 기준으로 봐야 합니다. 얻고자 하는 걸 알아야 하고 그 욕심이 선해야 합니다. 마음이 착해야 넘치는 걸 얻을 수 있습니다.

처음엔 복잡한 과정들이 반복된 훈련으로 간결해집니다. 눈을 잠시 감거나 심장 소리를 피부로 느낍니다. 처음엔 바로 되지 않지만 기억하고 있는 느낌을 불러오면 됩니다.

맑은 상태를 유지하는 것과 바라는 것이 무엇인지 아는 일이 쉬워집니다. 명상이 마음을 맑게 하고, 기도가 마음을 알게 합니다. 모호하고 애매한 것들이 분명해집니다.

중요한 것은 연습과 앎을 통해 쉬워집니다. 화를 다스리고 마음을 차분히 하는 일도 경험을 통해 쉬워집니다. 피부처럼 세밀하게 느끼고, 숨쉬는 것처럼 쉬워질 겁니다.

주로 먹는

식사에 습관이 생깁니다.
밥을 먹으면 힘이 납니다.

새로운 음식 대신에
새로운 식사를 합니다.

매일 똑같은 걸 먹어도
마음은 처음처럼 기쁘게 합니다.

　맛있는 식사는 기대하고 있던 새로운 음식입니다. 계속 새로운 음식을 찾다 보면 재료가 비슷한 걸 알게 됩니다. 그러고 나면 식사가 단순해집니다. 작품의 구성을 알게 됩니다.

　새로운 음식을 즐겁게 먹는 모습은 기대하던 마음에서 시작합니다. 시선을 바꿔서 만들어준 이의 마음을 상상합니다. 농부의 노력이나 요리사의 정성을 생각해 봅니다.

　개인적인 생각도 좋습니다. 소화를 잘 시키기 위한 암시도 좋습니다. 맛있게 먹습니다. 매일 똑같이 먹는 쌀과 소금이지만, 기쁘게 먹습니다. 일상을 즐겁게 맞이할 수 있게 연습합니다.

　의식주를 통해서 하는 수행도 재밌습니다. 매일 같은 생활을 기쁘게 맞이합니다. 기쁨은 적응이 되어도 기쁩니다. 세상이 선함을 좋아해서 그렇습니다.

다녀올게

아침마다 듣던 인사를
아침에 하게 됩니다.

아이는 어른이 되고
아이에게 인사합니다.

다녀올게
있다가 보자.

다른 대상을 통해 과거를 이해하기 시작합니다. 사람은 그렇게 어른이 되고 삶이 바르게 흐른다는 안정감을 얻습니다. 아침에 문을 나서는 부모를 이해하게 됩니다.

어른이 되면 마음으로 느낀 부당함을 긍정하게 됩니다. 사회에서 마음의 보상을 찾지 않게 됩니다. 집에 오면 아이를 보고 오늘을 평가받습니다. 다녀오면 성공입니다.

노동으로 불필요한 에너지가 자연스럽게 정리되는 것처럼, 가정을 꾸리고 잘 살면 복잡한 이론은 불필요합니다. 열심히 일하고 가정이 화목하면 많은 불만이 사라집니다.

다녀오는 삶을 살고 싶습니다. 아침에 문을 나서고, 일하고, 다시 집으로 오고 싶습니다. 아이가 우릴 반겨주고, 그 모습을 보며 삶을 이해하고 싶습니다.

엔딩

영화의 마지막을 봅니다.
아쉬운 여운이 남습니다.

우리 삶의 엔딩을 생각합니다.
여운이 있었으면 합니다.

엔딩을 보러 온 관객에게
박수 받고 싶습니다.

 영화의 내용이 별로여도 관객들이 환호한다면 성공입니다. 우리 삶도 그랬으면 합니다. 삶의 과정이 별로여도 칭찬받고 싶습니다. 사람도 많이 오고 떠나는 길에 여운이 있었으면 합니다.

 기억되고 아쉬움이 남는 삶을 살려고 노력합니다. 사는 과정의 끝이 단순한 걸 압니다. 모두 똑같지만, 마지막까지 열심히 해서 잘했다는 평가를 받고 싶습니다.

 언젠가 본 영화가 마음에 떠오릅니다. 정확한 장면은 기억나지 않지만, 여운이 남은 걸 보니 그 영화는 좋은 영화였습니다. 영화처럼 우리 삶도 기억에 남고 싶습니다.

 작은 세포에서 시작해서 흙으로 돌아갑니다. 작은 존재가 큰 자연에 포함됩니다. 자연이 너무 커서 잊힐 걸 압니다. 그래도 누군가 기억해줬으면 합니다.

여권

모르는 세계로 떠나서
생활의 의무를 던지고 싶습니다.

치우지 않아도 되는 집과
설거지 없는 식사를 상상합니다.

여권을 손에 쥡니다.
마음으로 여행하고 옵니다.

퇴근하고 온 집이 피곤할 때가 있습니다. 그럴 때 방에서 여권을 찾습니다. 여권을 손에 쥐고 잠시 눈을 감습니다. 집은 호텔이고 식사는 외식입니다. 잠시 상상합니다.

사람 사는 곳이 다 똑같아도 여행이 즐거운 건 놀이이기 때문입니다. 일하지 않고 놀면 다 재밌습니다. 공기도 상쾌하고 가는 곳마다 새로우니, 여행은 재밌는 놀이입니다.

사는 일이 바빠서 여행을 자주 하지 못합니다. 아쉬울 때 가끔 여권을 쥐고 상상합니다. 의무를 던지고 자유로워지는 모습을 생각합니다. 작은 위로를 얻습니다.

여행은 일이 되지 않았으면 합니다. 취미가 일이 되면 취미가 없어집니다. 여행이 일이 되면 여행이 없어질 걸 압니다. 그래서 여행을 가끔 가고, 상상을 자주 합니다.

매력적인

아침마다 화분을 꺼냅니다.
꽃이 햇빛에게 인사합니다.

그 장면을 보고서
마음이 동화로 변합니다.

매력으로 당깁니다.
가볍게 끌려갑니다.

 불편하지 않은 매력에 마음이 끌려갑니다. 식물은 언제나 제자리에 있고 호의를 즐거워합니다. 식물이 맞이한 아침을 상상합니다. 식물의 매력 때문에 마음이 동화로 변합니다.

 마음을 풍족하게 하는 것들을 좋아합니다. 자연스러운 대상과 불편하지 않은 일들을 좋아합니다. 찾아가는 번거로움이 있어도 마음이 편해진다면 매력적입니다.

 항상 자리를 지켰으면 합니다. 우리도 상대의 방문을 기다려주고, 상대로 우리의 찾아감을 기다렸으면 합니다. 불편하지 않게 편안한 만남을 기다립니다.

 힘으로 당기지 않고 매력으로 끌어옵니다. 마음에서 움직여서 저절로 오게 합니다. 우리가 경험하는 만남이 동화 같았으면 합니다. 즐겁고 차분하고 편안했으면 합니다.

아이 같은

몰라서 순수한 걸 알지만
부러운 마음을 갖습니다.

아이의 마음은
우리와 같아질 겁니다.

걱정 없는 그 순간이 부럽습니다.
어른은 걱정이 많습니다.

많이 알수록 순수함이 멀어집니다. 알면서 순수하게 지내는 일이 어렵습니다. 감정을 숨기는 일이 일상이지만, 마음 한 곳은 허전하고 불편합니다.

아이의 순수함이 몰라서 그런 걸 압니다. 몸을 다치면 우는 아이가 마음을 다칠 땐 참아야 하는 걸 모릅니다. 단순한 표현과 그걸 받아주는 주변의 모습이 부럽습니다.

아이가 어른이 될 걸 압니다. 어른은 아플 때 울 수 없습니다. 아이가 순수할 때 감정을 풍부하게 표현하도록 합니다. 어릴 때 느낀 다양한 감정이 나중에 위로가 될 겁니다.

귀여운 걸 보고 좋아하는 마음을 느낍니다. 순수한 대상을 통해 우리의 순수함을 떠올립니다. 감정을 이입하고 좋아합니다. 순수한 대상이 우릴 위로합니다.

그림자

해가 저녁에 가까울수록
햇빛이 그림자를 무겁게 합니다.

아침엔 가벼웠던 그림자가
저녁엔 무거워집니다.

삶도 그럴 것 같아서 걱정입니다.
노년엔 가벼웠으면 합니다.

노련해질수록 마음이 무거워집니다. 살펴야 할 것이 많아지고, 늙기도 합니다. 사는 일이 아침과 저녁 같을 것 같아서 걱정입니다. 해가 저물수록 몸과 마음이 지칠 것 같아서 걱정입니다.

아침 해를 보면서 하루를 다짐합니다. 해는 밤을 향해 가고 밤에 가까울수록 하루가 무거워집니다. 매일 겪는 이 일이 우리 사는 일과 같을 것 같아서 걱정입니다.

젊을 땐 사는 게 가벼웠습니다. 몰라서 그런 걸 알지만, 어른이 된 지금은 생활이 무겁습니다. 권리만큼 많아진 의무가 마음을 무겁게 합니다. 노년을 걱정합니다.

청춘을 열심히 살면 다음 청춘이 또 열심히 살았으면 합니다. 나이 들고는 좀 쉴 수 있게 젊은 사람들이 열심히 했으면 합니다. 저무는 해가 가벼웠으면 합니다.

서툰 마음

마음이 혼란스러워서
상대에게 떠넘깁니다.

상대도 힘들어합니다.
잘 몰라서 그렇습니다.

배우고 싶습니다.
순진하면서 능숙하고 싶습니다.

공략집을 알고 나면 게임이 쉬워집니다. 쉽게 해결해서 개운한데, 재미가 아쉽습니다. 삶에는 공략집이 없어서 항상 생생합니다. 너무 어렵지 않게 지도 정도는 있었으면 합니다.

감정이 무거워서 상대를 탓하면 상대도 힘들어합니다. 어쩌면 상대가 떠날 수도 있습니다. 잘 지내는 방법을 배우고 싶습니다. 생생한데 해결은 쉬웠으면 합니다.

항상 배우는 마음을 갖습니다. 스승이 있다면 가장 좋고, 나쁜 사람을 봐도 그 사람이 사는 모습을 배웁니다. 나이들수록 삶은 어려워지니, 부지런히 배우려고 합니다.

마음이 서툰 건 당연합니다. 새로운 일을 겪을 때마다 항상 서툽니다. 서툰 걸 알아서 배우는 마음을 갖습니다. 잘 알고 익숙해도 배우려고 합니다.

촌스러운

투박하지만 성실하게,
촌스러운 마음입니다.

우리는 너무 똑똑해서
참고 견디질 못합니다.

촌스러움을 배웁니다.
그 안의 성실함을 배웁니다.

농촌이 없는 사회는 세련되지만 게으릅니다. 농촌에서 도시로 오고, 그 인구가 차야 공장이 운영됩니다. 여기까지 인구가 차야 하는데, 사람들이 너무 세련됐습니다.

세련될수록 옷에 먼지 묻는 게 싫습니다. 좋은 옷을 입고 멋을 부리면 마음에 편견이 생깁니다. 그 편견이 습관이 되면 직업을 구분하고, 멋진 일에만 눈이 갑니다.

회사에서 가장 예민한 사람은 사장입니다. 완벽한 멋은 세상에 없습니다. 처음 시작했던 마음을 잡아야 합니다. 말단 직원, 혹은 농사짓기를 두려워하면 안 됩니다.

갈수록 사람들이 한 번에 성공하는 길을 찾습니다. 직접 경험해야 아는 게 생기는데, 먼지 묻는 걸 싫어합니다. 이론으로 경쟁하기엔 지식이 너무 많습니다. 실무를 뛰어야 합니다.

좋은 말

가장 쉽고 완벽한 말이 있지만
우선은 들어줍니다.

상대의 말을 다 듣고서
내 말을 다시 정리합니다.

좋은 말은
듣기에도 좋아야 합니다.

세상에 진리가 있다고 해도, 안 듣겠다고 하면 전달할 수 없습니다. 길거리에서 피켓을 들고 시위해도 누군가는 눈살을 찌푸립니다. 지하철에서 종교를 전도하는 것도 그렇습니다.

좋은 말은 상대가 들어야 좋은 말입니다. 그래서 우선 친해져야 합니다. 상대에게 우리가 좋은 사람이라는 걸 경험시켜야 합니다. 그리고 상대가 듣고 싶어 하는 말에 살짝 섞어야 합니다.

듣기 좋은 말에 하고 싶은 말을 섞습니다. 물과 기름을 섞는데, 티 안 나게 섞으면 모르고 마십니다. 친분의 힘이 강합니다. 친해지면 안 듣던 말도 듣습니다.

좋은 말은 전파가 어렵습니다. 잘 안 듣기도 하고, 친해지는 시간도 깁니다. 그래서 좋은 건 좋은 사람하고 나누게 됩니다. 그 말이 아까운 게 아니라, 시간이 모자라서 그렇습니다.

부르다

운명의 직감을 느낍니다.
본능적인 앎을 얻습니다.

세상이 부릅니다.
사명감을 얻습니다.

중요한 건 같습니다.
안전하고 차분해야 합니다.

과거엔 큰소리치고 거칠게 하면 유리했습니다. 법의 적용도 세밀하지 않았고, 기록도 어설펐습니다. 이젠 시대가 변했습니다. 더 주의하고 영리해야 합니다.

운명의 직감을 느낀 사람들은 급하게 뭘 하려고 합니다. 직관으로 세상을 바꾸기엔 이 사회가 만만하지 않습니다. 쉽지 않다는 걸 알고 출발해야 합니다.

우선 자신의 안전을 확보해야 합니다. 그다음엔 하나씩 배워야 합니다. 자신이 알게 된 게 무엇인지, 어떻게 해야 하는지 배워야 합니다. 그 과정에서 다치거나 사라지면 안 됩니다.

충동을 느끼는 것만큼 그걸 다스릴 줄 알아야 합니다. 급하게 치고 나가기엔 사회가 준비되어 있습니다. 자신만 특별하다는 생각을 내려놓아야 합니다. 그래야 시작할 수 있습니다.

말로만

말을 잘하는 사람들은
이상한 길로 빠집니다.

좋은 말을 해야 하는데
말로 속이려고 합니다.

말을 잘하는 사람이 많습니다.
겸손해야 합니다.

 말을 잘하는 사람은 상대의 마음을 잘 잡습니다. 그게 상대를 얕보는 계기가 됩니다. 우린 과거를 곱씹을 줄 압니다. 말장난은 시간이 지나면 들통납니다.

 상대가 곱씹는 걸 알고 나면, 다른 방법을 고민하게 됩니다. 제일 안전하고 좋은 방법은 좋은 말을 하는 겁니다. 속여서 괴롭게 하지 말고 좋은 방향을 이야기하는 겁니다.

 악의는 법을 어기면 됩니다. 선의는 규칙 속에서 새로운 변화를 만들어야 합니다. 양을 이끄는 일과 사람을 이끄는 일은 비슷하면서 다릅니다. 난도가 다릅니다.

 사람에게도 저마다의 악의가 있어서 좋은 방향으로 이끄는 일이 어렵습니다. 우리에게도 악의가 있습니다. 마음을 다스리며 타인을 이끌어야 합니다. 그래서 어렵습니다.

새로고침

다시 하고 싶습니다.
새로고침 버튼이 없습니다.

후회를 곱씹습니다.
미래를 위한 버튼이 됩니다.

오늘의 경험으로
미래를 새로고침 합니다.

 후회되는 일이 반드시 생깁니다. 되돌리고 싶어지면 그 일을 부정하는 마음이 생깁니다. 컴퓨터의 새로고침 버튼을 찾고 싶어집니다. 백스페이스도 생각납니다.

 과거를 바꿀 수 없는 걸 알면, 방법을 바꿉니다. 지난 일을 되새기면서 다음에 할 실수를 예방합니다. 미래를 위한 새로고침이 됩니다. 고민하고 경험해서 원하는 걸 얻게 됩니다.

 오늘의 경험으로 미래를 대비하고 나면, 이걸 습관으로 익혀야 합니다. 계속 되새기고 곱씹으면서 미래를 준비하려고 연습해야 합니다. 그 연습이 삶의 새로고침 버튼이 됩니다.

 과거로 돌아갈 수 없는 사실을 몸으로 경험해야 합니다. 후회하고 되돌아보면서 그 과정을 반복하면 다음 일을 대비하게 됩니다. 미래를 연구하고 구상하게 됩니다.

그릇

마음을 그릇으로 생각합니다.
그릇을 잘 관리합니다.

그릇에 담을 걸 고릅니다.
좋은 것만 담습니다.

나쁜 게 같이 들어옵니다.
그릇을 잘 관리합니다.

좋은 것만 경험하고 싶습니다. 하지만 나쁜 걸 같이 경험합니다. 마음에 기억이 담깁니다. 마음에 좋은 것과 나쁜 것이 같이 담깁니다. 그래도 마음을 잘 바라봅니다.

완벽할 수 없어서 이론이 계속 나옵니다. 우리 마음도 완벽할 수 없어서 새로운 고민이 계속 생깁니다. 각자의 방식으로 노력할 것이지만, 자신을 좋아하는 노력은 빼지 않습니다.

경험이 중요한 이유는 이론과 안 맞는 걸 배워야 해서 그렇습니다. 좋은 것과 나쁜 걸 같이 가져가야 하는 상황이 많습니다. 그때 잘 해결하려면 경험이 많아야 합니다.

마음의 그릇을 예쁘게 닦습니다. 그리고 시간이 지나면 먼지가 묻기도 하고, 불편한 것들이 그릇을 훼손하기도 합니다. 그릇이 싫어질 수 있지만, 잘 아껴주어야 합니다.

마침표

누군가를 만나고
후회합니다.

마침표를 찍고
다시 시작합니다.

문장은 끝났지만
글은 계속됩니다.

평범한 삶에 만났다고 정의할 일이 생깁니다. 그 과정엔 마침표를 찍어야 할 사건이 생깁니다. 아쉬운 마음에 후회하고, 후회가 끝나면 다시 시작합니다.

살아있는 동안은 비슷한 감정을 계속 반복합니다. 기뻤다가 슬픕니다. 좋았다가 싫기도 합니다. 그 반복 속에서 다양한 변화가 일어납니다. 만나고 후회하고 치유하고 다시 만납니다.

반복되는 삶이 고통스러울 수 있습니다. 그래도 우린 노력하고 나아갈 겁니다. 뻔히 알지만, 생생해서 괴로운 삶을 삽니다. 계속 마침표를 찍으며, 마지막 마침표를 향해 갑니다.

후회를 다루는 문장은 끝났습니다. 치유하고 다시 새로운 만남을 준비해야 합니다. 우리의 삶이 분명하게 나아지길 바랍니다. 항상 기도하고, 축복이 가득하길 바랍니다.

마치는 글

기독교에 '원죄'가 있는 것처럼, 우리 마음에 '후회'가 있습니다. 신앙을 위한 죄의식과 건강하게 살고자 하는 갈증이 같습니다. 후회하기에 성장하는 마음이 생깁니다.

우리 삶에 후회와 반성이 많길 바랍니다. 종교인들이 화두와 원죄로 고민하듯이, 우리는 후회하고 반성했으면 합니다. 더 나은 앎을 위해 되돌아보는 경험을 해야 합니다.

좋은 삶을 위해 좋은 글을 만나고, 그동안 살아온 삶을 후회했으면 합니다. 다음 책의 제목은 '치유'가 될 것 같습니다. 읽을 때 지루하지 않도록 새로운 형식을 준비하겠습니다.

매일 건강하고 새로웠으면 합니다. 노력하고 보완하며 항상 도전했으면 합니다. 실패가 마음을 꺾지 않고, 도전으로 발전했으면 합니다. 읽어주신 분들의 삶이 건강하도록 기도합니다.